大是文化

每個孤獨的靈魂都值得被看見

異類總是瞬間相吸，但同類會循聲而來。

電臺節目收聽率破千萬的人氣主播
阿紫 ◎著

目錄

第二章 給體面一點時間

第三章
你的選擇，無須別人干涉

第四章

我們才是自己的假想敵

第五章

說給你聽的情話

第六章
愛自己是一生浪漫的開始

推薦序／

孤獨是最高級的喧囂

兩性專家／李俊東

一本書會與一個人相遇，會被看見，循聲或相吸，一定有其原因。

我喜歡一個人閱讀，閱讀是眼球與文字的化學衝擊，獨自「閱獨」，享受視覺在文字裡翻攪爆裂的喧囂樂趣！

我一直有個想法：當我們在看書時，其實書的靈魂也正在窺視著我們。

現代人的一切都在手機裡；身邊看似沒人，事實上有好幾群都在手機裡蓄勢待發。隨時可以找人線上尬聊、看網紅直播裝可愛、揪網友組隊打怪，十足一個人也可以狂歡的時代。

手機攻占世界，都說紙本書不好賣，每天卻仍持續有書籍出版。「看實體書有溫度」，這溫度對你來說還炙熱嗎？

我寫過逾百本著作，相當清楚目前仍堅持寫作的孤獨；我深信每一本書都有各自的靈魂，等著被看見。

在深夜裡，戴上耳機一面聽著廣播，一面看書，享受全然自我的獨處時光，體會眾人皆睡我獨醒的那種萬籟俱寂，相信不少人在學生時代都有過這樣的經驗。**如今，在人群裡戴上耳機**，耳機裡不見得一定要有聲音，更多人戴耳機**是為了隔絕周遭的紛擾**。

我主持過深夜的廣播節目，談兩性也分享生活點滴，在當時簇擁著一群忠實聽眾；常有人會貼心送宵夜到電臺，感謝我的聲音陪伴。

夜，過濾了白晝的煩躁，也抽離了現實感；和書與孤獨給人的感覺很像。孤獨，不是唐朝詩人柳宗元〈江雪〉中描寫的「千山鳥飛絕，萬徑人蹤滅」；置身在百鳥爭鳴的嘈雜環境裡卻無人回應共鳴，那才是真正的孤獨。

在社群網站上流傳一張「國際孤獨等級表」，由第一級列到第十級：從一個人逛超市、一個人去餐廳、一個人喝咖啡，這些都是入門款，可以說是不少人每天經歷的日常。

一個人看電影，是許多人認證孤獨的一個「轉捩點」，似乎只要能通過獨自走進戲院這關的考驗，在習慣之後就不會再懼怕他人投射的眼光。

商人的思維永遠跑在最前面：一個人吃火鍋並不稀奇，涮涮鍋解決了想要吃鍋卻又湊不到人一起圍爐的窘境；電話亭ＫＴＶ一座座冒出來，想要一個人歡唱也沒問題。

一個人看海或許浪漫，但民調顯示：若看到有人孤身去海邊，往往會讓人聯想那一個人似乎有準備輕生的念頭……。更別說是看到一個人到遊樂園，背景音樂都會自動被配上梁靜茹的〈分手快樂〉。至於一個人搬家很孤獨嗎？如果有足夠預算，事實上只要打一通電話，搬家公司都會很樂意為您服務。

國際孤獨等級表第十級是一個人去做手術，等級表中並沒提到是什麼手術，但確實大多數的人在生病時，都會渴望有人能陪在身邊。

當今社會不乏喜歡落單的人。曾聽過母胎單身的人說：「一個人也沒有什麼不好！」然而一直都是一個人過的人，怎麼會懂真正孤獨的滋味？

有些人找對象是為了防孤獨，但兩個人在一起後，孤獨的感覺卻更劇烈。

這年頭書名儼然是種時尚，孤獨已是一門顯學。當你拿起這本《每個孤獨的靈魂都值得被看見》，無論異類、非關同類，相信你正期待自己能被看見……。

序／異性總是相吸，但同類會循聲而來

我某天收拾臥室時，發現一個大儲物袋，裡面塞滿各種型號、顏色的口罩。數了一下，竟然有幾百個。我不記得是什麼時候囤這麼多口罩，儘管如此，我現在依然樂此不疲的留意各家口罩網路商店的新消息，並條件反射（按：指受信號刺激而引起直覺反應。）式的下單。搶購那麼多口罩有用嗎？管它呢！

也許大家的心態都和我一樣。

我有一個閨密，這段時間每天和我在微信上聯繫，聊天內容幾乎都是分享買口罩的管道。只要我買了，她都跟著買，甚至買得比我還多。

我們搶購的可能不是口罩，而**是安全感**。即使用不了那麼多，但有它們在，似乎就多一份心安。

一旦新聞裡有風吹草動，防疫專家說一句話或網上發一條消息，那些物資就會頃刻間被搶購一空。這不是無知和愚昧，也不是繳智商稅（按：網路流行詞，由於購物時缺乏判斷能力，花了冤枉錢），而是我們在迷茫時，總想抓住點什麼。

這像極了父母替孩子報名很多興趣班，學畫畫、書法、鋼琴……這些是他們認為留給孩子的安全感，一些不管你能不能用得上的東西，備著吧，總有不時之需。

我們這一代人也一樣，比如，我的同事送女兒學跆拳道，他知道自己有一天會老去，不知道該留下什麼來陪伴她、照顧她、呵護她，索性把那些有用的沒用的都統統給她，努力把她舉高了，才肯踏實的老去。

我們也潛移默化的學著給自己找安全感，而安全感非常虛幻，所以我們就把它落實在一件件東西、事情上。

囤貨、努力賺錢、怕挨餓、怕落後、怕找不到懂自己的人……全是缺乏安全感的表現。每個時代、每個人都在不同程度上，有不同形式的缺乏安全感表現。

有人睡覺時，需要抱著抱枕或被子，被子是那種沉甸甸的厚棉被，甚至不分季節都蓋這一條；有人離不開手機；有人自己住要養寵物；有人一回到家就要開電視，就算不看，也要家裡有聲音。

例如中國電視劇《安家》裡的女主角房似錦，她以為自己愛錢，也積極表現出自己愛錢，其實，她錯了，她不是愛錢，而是渴望安全感，錢能給她安全感。小時候的她窮怕了，只知道錢能讓她不再餓肚子，能填補娘家的要錢大坑。

當她遇到男主角徐文昌之後，她換了一種生活。她看到樓山關的努力、朱閃閃的單純、徐文昌的善良……一個個鮮活的生命走進她的生活，讓她開始懂得人情冷暖，學會關心別人、關注自己，打開了一扇春暖花開的大門。她並非孤軍奮戰，門店裡的每一個人，包括朋友和愛人在內，都是她的強大後盾。她擔任房產仲介不單是為了賺取傭金，更是為了幫別人找到幸福的安家之所，這才是安家的意義。

我們兜兜轉轉，最後要尋找的不過是一種內心的滿足感，以讓自己不再孤獨，不再害怕。吃好穿暖，透過奮鬥很容易實現。而那個能陪你度過餘生的人，卻不容易遇到。即使遇到了，也不一定懂得如何相處。

我認識一個朋友，我能一眼就識別出他的社交帳號。

有一次，他用分身帳號給我評論，我指著頭像說：「這是你吧？」

他很吃驚，因為這個分身帳號裡沒發表任何內容，他不明白我怎麼猜到的。我說：「你所有社交帳號的頭像風格都很相似，一個人遠望山河湖海或仰望日月星辰，留下孤獨的背影。」

一個孤獨的人，你能讀懂他心頭上的渴望，是那種「夢裡不知身是客」的惆悵。人與人之間存在著磁場，你不用多聰明，他不用開口，你就懂那種心情。我們就像在暗夜裡前行的人，頭上頂著自己的光，去尋找發出相同光亮的人。

一直以來，我用聲音來寄存心情和故事，也用文字來記錄情感和觀點。我想與別人的世界相連，也想在黑暗的生活裡偶遇相似的靈魂，而同類自會循聲而來。

在敲定書名時，我想，我能讀懂他的孤獨，或許也可以讀懂你們的孤獨。

這本書，兜兜轉轉幾年了，終於和大家見面了。我的電臺聽眾終於不用追著我問：新書什麼時候出版？我也終於不用再回答：我也在等。

等什麼？等好事多磨吧！

感謝，一路有你。

第一章

生活就是一次次推倒、重組的過程

1／任性前，先看有沒有人慣著你

我跟室友的生日只差三天，我們商量一下，決定今年的生日一起過。於是，我們約好下班去超市買食材，然後回家煮火鍋。

買海鮮時，老闆不讓客人挑選，說是怕顧客把蝦頭弄斷，影響銷售。

室友堅持要自己挑：「我會非常小心，保證不會把蝦頭弄斷。」老闆絮叨著：「我們擔心有些顧客愛占小便宜，所以都不讓挑。」室友臉色難看，不耐煩的說：「行了，再囉嗦我不買了。」老闆依舊不依不饒的說：「還有，妳們不是專業的，不會揀，會把蝦弄壞的。」

室友一怒之下把袋子一扔，不買了，還把老闆數落了一頓。我趕忙把她拉走，勸慰說：「算了，算了，消消氣。」

她一路上跟我抱怨：憑什麼賣家這麼說她，她看上去像是占小便宜的人嗎？最後忍無可忍的去投訴。

而我心裡想的是：有必要嗎？

室友經常因動怒而失眠。我勸她學會控制情緒，不然影響身心健康。她說，沒辦法，自尊心太強，從小就是三好學生，不能容忍任何人說她不好。若是自己錯了，怎麼罰她都認，若不是她的錯，說什麼也要討個說法。她接著說，她大學期間跟多位同學吵過架，剛工作時脾氣也很暴躁，經常跟同事起爭執，現在好多了。

我笑問：「是真的好多了，還是同事已經摸清楚妳的脾氣，所以故意繞開，不再惹妳？」

她苦笑：「大概是後者。」

我很了解她，她就是想爭一口氣，有一股不服輸的勁兒。

可是這種倔強、不服輸，往往害人害己。

家長從小教育孩子，不要記吃不記打（按：指不吸取教訓，重複犯錯）。於是我們慢慢變得小心謹慎，避開一切可能絆倒自己的石頭，躲開所有像蛇一樣的繩，以為這樣就可以遠離傷害，萬事大吉。可正是這種**如履薄冰的心態，讓我們變得越發矯情、脆弱，由此產生莫名其妙的自卑心**、多疑病、尷尬癌。

別人一句無心的話，你就能在心裡琢磨很久，懷疑對方是不是指桑罵槐；你不敢輕易表達觀點，怕言多必失；你不敢講笑話，害怕別人不笑，令你尷尬；你跟別人一言不合就老死不相往來，還美滋滋的自以為這叫有骨氣。

你認為這樣涇渭分明才算活得通透，事實上，這只會讓自己的格局越來越小。

我有一個大學同學，算不上漂亮，胖乎乎的，也談不上有才，但是她的異性緣特別好。有的女同學就很不理解這是為什麼？

這位女同學最大的特點是自來熟。當然，不是那種沒輕沒重的隨便搭訕，而是不管在什麼場合她都不拘謹，顯得自然大方。即便是剛認識的人，跟她相處也不會覺得緊張、尷尬，反而非常輕鬆、愉快。

這就是能力。

我見過很多和男朋友鬧彆扭的女孩，不管在什麼場合，一生氣馬上變臉，一句話也不肯說，蹲在地上不肯走，不管對方怎麼求饒、道歉都沒用。

我也曾故意掛掉男友打來的電話，讓對方花一晚上哄我。結果，彼此都很疲憊，最後分手了。

你處處玻璃心，對方就需要小心謹慎的跟你說話，生怕哪一句惹到了你，從而讓你胡思亂想，又引來幾天的冷戰。

這樣的你，誰不怕呢？

可偏偏有些人只在乎眼前的得失，非要爭一時的輸贏，寧願丟了西瓜，也不肯放下手中的這一粒芝麻。我在文章開頭提到的室友就是這樣，寧可打亂自己的計畫，也要爭下這口氣。

現在的我懂了，自尊心不是一種擺設，不是掐著腰爭論不休的姿態，不是長在一言一行裡的氣焰，也不是你說一句難聽話，我必須回一句更難聽的話來擊垮你的鬥志。

我跟室友說：「你不是秋菊（按：中國電影《秋菊打官司》的主角），不必什麼事都要討個說法；也不是梁山好漢，不必一言一行都要講究氣節。」

知名主持人謝楠說：「只要有人給臺階，我立刻就下。」是啊，給臺階一定要下，任性之前要看看有沒有人慣著你，而慣著你的人，會不會一直都在。現在的我學會主動道歉。無論在工作還是感情，我都可以真誠且溫柔的跟對方說一句：「不要生氣了嘛，人家知錯了！」

工作能讓你賺到錢，感情能讓你得到愛，在這兩件事上，何必非要分出青紅皂白呢？況且很多事原本就不分對錯，結果才最重要。

舌頭是軟的，牙齒是硬的，人老了，牙齒都掉光了，唯有舌頭還在。有時候溫柔的性格既可以保護你，又不會讓你輕易傷害別人。

2／年齡不可怕，歲月空白才可怕

過年時，表妹翻出舅媽的一條舊裙子，試穿之後覺得不錯，便打算穿到學校去。舅媽說：「穿這條裙子多顯成熟啊！」表妹說：「成熟好啊，回去我還要學學化妝呢！」

我的一位女同事經常被送水的大哥稱呼為姐。她憤憤不平的說：「他看上去那麼老，憑什麼我叫姐？難道他的年紀真的比我小嗎？」有一次，她實在忍無可忍，逮住送水的大哥問：「你年紀多大？為什麼叫我姐？」對方一臉無辜的看著她說：「這不是尊稱嗎？」

大學期間，我們廣播社團高年級的同學喜歡稱低年級的同學為「孩子」，而那些「孩子」也很知趣的叫著學姐或學長。可能我的情商比較低，一直認為年紀差不了幾歲，直呼其名就好，未涉及尊老愛幼時，叫哥哥姐姐反倒顯得生分。

年紀越大，年齡這個數字就越讓人敏感。倘若你按部就班的畢業、戀愛、結婚，成為辣媽或奶爸倒也還好，但那些到了一定年紀且自認為不著急找對象的人，在別人眼裡卻成了眼光高一族。

打開社交平臺，很多人不是發修得認不出樣子的結婚照，就是批量上傳孩子的日常生活照；同學聚會上，過去談理想和追求，現在變成聊家庭日常生活瑣事、柴米油鹽，那些已經結婚的人，開始圍追堵截你的感情生活；公司裡，也不知道哪來那麼多熱心的同事，爭先恐後的給你介紹相親對象。家裡，父母一邊催你抓緊婚姻大事，一邊抱著別人家孩子不撒手。你不由得百感交集，就像小時候必須交出一份滿意的成績單，要向所有人證明，你有能力，是個正常人，夠懂事、孝順。

當然，面對這些窘況，男生還能以「先創業後成家」為由，繼續尋覓幾年。而女生……室友跟我訴苦，現在最怕回家，家人每三句話必催促她趕快找對象。

我很羨慕到什麼年紀就做什麼事的人，與社會同步的節奏會滿足你與生俱來的安全感。可是，理想跟現實之間除了需要努力，求之不得的部分，又該怎麼辦？

年少輕狂，幸福時光。經過社會的磨礪，你慢慢的說得少了，聽得多了，你開始害怕找不到一個聊得來的人。

你怕自己說的話對方聽不懂，也怕對方說的話自己不感興趣，更怕自己寧願藏在心裡，給電臺節目發短信，在私密帳號上記錄，也不願跟對方傾訴。你不怕跟對方促膝長談，或是一點點解釋，就怕把話掰成了渣，對方還是不懂。你不怕工作壓力大，人際關係複雜，就怕不被認可、不被理解，孤芳自賞、孤軍作戰。

隨著年紀增長，很多方面都變了。從問「這東西好吃嗎？」到「吃這個健康嗎？」；從問「你愛我嗎？」到「你能跟我踏實的過一輩子嗎？」；從盼望「等我長大……」到設想「當我老了……」；從有些事明知不可為而為之，到見好就收；從為了一個人遍體鱗傷，到還是愛自己最重要；從敢想敢做到害怕接受挑戰；從大展拳腳、昭告天下到隨遇而安、得過且過。

某天深夜，我的一個演員朋友在微信朋友圈感慨，大學時交的女朋友結婚了，新郎並不是她喜歡的類型，但可能是適合過日子的。女人到了一定的年紀，會對生活妥協，不奢求能得到什麼，唯願不會失去擁有的。

年紀大了，你不怕被騙，怕的是閱人無數後，連真話也半信半疑；不怕飛蛾撲火、敢愛敢恨，怕的是做什麼事都習慣給自己留一條後路；不怕遇到對手時殺伐果斷，怕的是遇到真心待你的人，你卻無意中傷害對方；不怕遇到的人不對，怕的是在最好的年紀遇到了等不起的人；不怕愛過、痛過、絕望過，怕的是留下「最後，我們沒有在一起」這樣美到令人心碎的遺憾。

年紀大了，你曾經看得很輕的東西忽然變得沉重，不得不小心翼翼，生怕磕了、碰了、掉了、碎了；你曾經認為很重要的東西，忽然不那麼在乎了，覺得它可有可無。

歲月真的那麼可怕嗎？

我的外公現在七十多歲，他整天坐在沙發上回憶過往，動筆手抄一份份回憶錄和家史給兒女們，卻沒有幾個人細細閱讀。

我中學時也寫過很多本日記，只是從未往回翻過。我只相信這輩子，只在乎此時此刻的感受，甜了就笑，疼了就哭，喜歡的就去追求，相愛了就在一起，想得到什麼就透過努力去爭取，把握住所有的時間、精力、希望。**當你行動了、盡力了，即使結局不盡如人意，也一定會無怨無悔。**

我想，**那時的你在歲月面前，會因為有著無與倫比的從容而美麗。**

3／只要開心，便不是虛度

很多人一輩子都過得小心翼翼，不敢涉險。我讀小學時，每次數學老師提問，即使心裡有了答案，我卻很少主動舉手，總是等到心裡確認答案完全正確，沒有紕漏，才有勇氣舉手回答。

老師跟我媽說：「妳女兒做事太謹慎了，只要她舉手，要麼答案一定對，要麼語不驚人死不休。」

其實，我很羨慕那些只要靈光閃現便立即舉手搶答問題的同學。他們敢於表達自己的想法，即便回答錯了，也沒什麼難為情的，回到座位上趕忙重新計算，另想對策。來得及就再舉手回答一次，贏得起，輸得起，屢敗屢戰。

可我做不到這樣，我總是恥於答錯後的尷尬，會瞬間臉紅，所以我不允許自己有一點差錯。

後來我才發現，大家都忙於計算和思考，沒有人會把全部的注意力放在回答問題的同學身上。對與錯本身並無大礙，大家只是在期待一個正確答案，至於這個答案是誰給出的，其實無所謂。

我們往往把自己看得過重，因而緊張、小心，可事實上，別人很少花時間關注你、質疑你、嘲笑你。

從小到大，長輩為了保護我們，教育我們這個不能碰，那個不能動。後來我們懂得了「吃一塹，長一智」的道理，成長的路上越發小心翼翼。所以，越長大，膽子越小，牽絆越多，在意的東西越多，害怕的也就越多。

小時候，我因拔電視插頭被電了一下，一直心有餘悸。後來好一陣子見到電源都躲得遠遠的，更別說碰了。直到現在，手機充完電，我要把插座的電源按鈕關掉才敢去拔插頭。家裡的電器壞了，我媽去修，我在一旁緊張得像一隻刺蝟，說什麼也不讓她碰。

無論是個人經驗，還是道聽塗說，我們慢慢的知道這個世界上存在很多危險，於是處處小心，繞開它們，防患未然。

長輩還告訴你，不要跟會抽菸、打架、不愛學習的孩子一起玩，不然會被帶壞的。後來，我們習慣性遠離一些行為誇張的人，生怕影響到自己。

對人對事隨時保持理性，評估風險等級，甚至還把它運用到感情上。怕沒有結果，便不去開始一段感情；怕不能長久，就不敢深陷其中；怕被拒絕，索性裝傻不開口；怕告白失敗連朋友都做不成，寧願假裝只是朋友。

為了躲避未知的荊棘和苦難，我們像鴕鳥一樣逃避。

想得總比做得多，還沒開始行動，就先把自己難倒了。幻想出一個苦難的國度，把自己置身其中，再想像出無數洪水猛獸，越想越難，越難越怕，然後**給自己一個放棄的理由，自以為很理智，實際上不過是自欺欺人。**

給別人講道理時總是口若懸河、頭頭是道，自己卻在無數個夜裡輾轉反側、難以入眠。明天的事誰也預料不到結果，自己卻未卜先知似的往糟糕的一面想，既不甘心，又缺乏勇氣。

有一個女孩說：「我不甘心畢業後聽從父母的安排回老家，可是我又沒勇氣出去闖蕩。我怕孤單、怕碰壁、怕年紀大了找不到男朋友、怕父母的反對和擔心，也怕出去後找不到更好的工作。」

我只回一句：「這種狀態過一陣子就好了，慢慢習慣現在的生活，覺得還不錯，但是再過一陣子妳還是會出現這種狀態，尤其是當妳遇到了不順心的事情。」

這是無解的，很多人就是這樣，在沒勇氣和不甘心之間掙扎、痛苦，一輩子也未能改變這種狀態。

我每天都能收到很多私訊：「阿紫，怎麼做才能少走一些彎路？」「如何提高自己的情商？」「我要怎樣才能迅速看清一個人？」「能不能讓自己變得通透一點，不受傷害？」「二十幾歲應該做點什麼？怎樣才能少犯愚蠢的錯誤？」

這些人就像熱鍋上的螞蟻，想尋得一條捷徑擺脫現狀，改變自己的命運。

我們總想著怎麼提高效率，於是在書店翻閱成功人士的創業故事，在微信朋友圈分享人生必讀書目，以及看〈做到這十點，就能成為一個優秀的人〉、〈成功者每天會自問八個問題〉這類文章。而我的書架上，至今還擺著高中時買的嶄新《卡內基演講術》。

我們想盡一切辦法節約成本，以達到最佳效果，成為一個聰明人。可是何為聰明人？週末早晨，起床洗了個澡，然後出去健身，流一身汗；健完身，累得像狗一樣，回來卻跟朋友出門大吃了一頓。上午剛洗完的車，中午就來了一陣暴雨。剛給小狗洗完澡，帶牠出去遛了一圈，牠高興得滿地打滾，弄了一身泥。

生活就是一次又一次推倒、重組的過程，所以怎麼過才更充實、健康，其實沒有標準答案。人生總共不過三萬多天，卻有很多人因為懦弱、膽小而不去開始，拒絕努力改變，一味的繃著、忍著，白白浪費了大好光陰。

我最近在重溫電視劇《尋秦記》，女主角之一琴清明知道因為時空不同，主角項少龍終有一天會回到現代，但還是選擇跟他在一起。不管這場緣分能持續多久，也不管他走了以後自己會多麼難過，至少此時此刻跟喜歡的人在一起是開心的。結局反而是項少龍為了琴清留在了那個時代。

計畫總是趕不上變化。誰又可以預知未來？

與其花時間猶豫，不如跟喜歡的人在一起，哪怕只有短短數月，也是真實的幸福，你只需要去珍惜、去感恩。所以，千萬別因為怕受傷害、害怕結局不完美，而放棄有可能出現在你身上的美好。你要知道，**浪漫本就是建立在感情基礎上的，並不是理性可以主導的**。

4／

人生贏家往往都是修來的

在不懂愛的年紀，你對愛情的理解大多源於所見所聞和幻想。那時的你相信一見鍾情，跟言情小說裡「山無陵，天地合，乃敢與君絕」（按：出自漢樂府詩《上邪》，意思是當山沒了稜角，天地合一時，才願與愛人分離）般的愛情，也相信電視劇裡「完美男人獨寵平凡女孩」式的愛情。

有過感情經歷後，你會深刻的體會到，很多戀人都曾轟轟烈烈的相愛，可最後依然屈服現實，分道揚鑣。你發現真愛就像買彩券，中獎的概率很低，但總歸比不買彩券的多了一些希望。越是口口聲聲抱怨再也不相信愛情的人，可能越是在愛情中陷得深。

熱門韓劇《來自星星的你》裡的男主角都敏俊，是四百年前來到地球的外星人。他擁有驚人的視力、聽力和移動速度，最不同尋常的是，他幾乎不會變老，一直保持著年輕英俊的樣子。

如果你和都敏俊這樣的男人相愛，會覺得幸運嗎？當你老了，頭髮白了，滿臉皺紋，他卻英俊如初，你有什麼感想？到時候世人會如何評價？

在大眾的認知中，我們遇到困難時容易妥協，所以有沒有真愛，遇不遇得到真愛，是否能把握住真愛，是三件事。很多人不是沒遇到，而是中途放棄了，或者沒有好好把握，最後只能自欺欺人的說，遺憾也是一種美。

曾獲十六項冠軍的體操選手李小鵬在某節目聊過自己的愛情。他對妻子一見鍾情，為了和生長在美國的她正常交流，他瘋狂學習英語，然後把每個月的工資都用來買電話卡打越洋電話。在克服語言障礙、經受住異地戀的考驗後，終於抱得美人歸。他的毅力不僅讓自己成為世界冠軍，在感情上也是贏家。

妳想贏，就要尊重對方的天性。大多數男人喜歡安靜一點的氛圍；而大多數女生則追求熱鬧、浪漫的生活，多少有點黏人。

妳願意給他一些相對獨立的空間，尊重他的生活習慣和處世原則，而他願意為妳成為體貼、溫柔、浪漫的暖男，這就是相互妥協，妥協的基礎是愛。

年輕時談過幾次戀愛，人們才更清楚自己想要怎樣的感情，想和誰組成家庭。可這個階段，大家的三觀和習性早已養成，有自己的個性，不想做自己不喜歡的事情，所以你想徹底改變對方幾乎是不可能的。**所謂的改變，只不過是對方因為愛你而妥協。**

歌手張瑤說，新婚後她極其不適應，比如，老公洗臉時會把水濺得到處都是，而她有潔癖，受不了這種行為。於是她找老公談，但她老公說這事避免不了，她只好每次在他洗完臉之後把水擦乾淨。

演員蔣勤勤說，她老公刷牙時會開著水龍頭，她在一旁很心疼水嘩嘩的流走。她嘮叨一次，老公就關一下，但下一次還是會一直開著。於是她想了一個辦法，把控制水的閥門擰到最小，等他用水的時候，水流小了，她心裡也就舒服了。

類似以上這些問題，幾乎存在於每一個家庭中。有的人會不停的抱怨，甚至為此大動干戈。我們說細節打敗愛情，人人都想舒舒服服的過日子，卻總為雞毛蒜皮的事鬥嘴，時間久了會傷感情，男人嫌女人嘮叨，女人嫌男人不長記性。

理解的基礎是先做好自己的事情，再適當的引導對方，彼此配合。有些話對方聽了覺得刺耳，你就換一種說法；有些行為對方覺得彆扭，你就換一種姿態。只要你愛眼前這個人，想跟對方好好走下去，就不能拒絕成長。有智慧的人永遠用頭腦推動感情往好的方向發展。

事實上，我們談戀愛、步入婚姻都是人生的第二次發育，我們要勇敢的從自我中走出來，用一種積極的心態去學習、去體驗。

我的外婆外向且粗心，外公內向而細膩，這正是人們說的互補。可是你要知道，**互補的另一層含義是對立**，所以很多時候你看不慣對方的做法，自然就會有分歧、有爭吵。

每次外公較真時，外婆在一旁就當作沒聽到，不生氣也不記仇。她知道外公就是那個脾氣，對事不對人，讓他把事說出來，他心裡就舒服了，這事也就過去了，沒什麼大不了的。

外公從不吃雞肉，外婆卻很愛吃，外公會去超市買雞腿給她，看著她吃。外婆不吃魚，外公卻很愛吃，外婆慢慢的將就外公的口味，現在也開始吃魚了。

妥協不是單純的忍讓，而是一方先做出姿態，另一方予以配合，並做出改變。

如果兩個人誰也不讓著誰，都把責任推給對方，這日子就過不下去了。

一旦發生問題，兩個人心平氣和的好好談談，以後再遇到這樣的問題，要怎麼解決，如何避免問題再發生，或找一個彼此都能接受的解決辦法。

人在睡覺時會無意識選擇最舒服的姿勢，做人也是這樣，選擇可能只是一瞬間完成的，行動則需要一個持久的過程。除了少數含金湯匙出生的人，大多數的人生贏家都是後天修成的。比如，想要魔鬼身材，就要放棄美食，利用閒暇努力健身。

如果你想要美滿的愛情、幸福的家庭，那你就得想想，自己能為愛人做什麼、忍讓什麼，以及如何促進彼此的成長。

5

如果你不想，誰能逼你將就？

我有一次逛夜市，看到有人賣烤腸，突然懷念起大學時，每天早上買一張餅、一根烤腸、一個雞蛋，然後把烤腸和雞蛋捲在餅裡，外加一杯豆漿作為早餐。

大學畢業後再也沒吃過烤腸，所以我就去問烤腸老闆有沒有烤得久一點的烤腸，最好是有裂口的。老闆找了找，說沒有，然後勸我：「很多人都不喜歡烤得太久的，你看，現在的火候正好，來一根吧。」我笑著搖搖頭走開了。

當時我心裡想，別人的口味跟我有關係嗎？為什麼大眾的口味要強加給我，這就一定是對的嗎？是最好的選擇嗎？

生活中有太多太多類似的對話。

比如剛工作時，有人很熱心的推薦異性給我，苦口婆心的勸：「這個人很好，在部門的口碑也很好，人既本分又老實。」等。

找對象又不是評先進，找的是愛人又不是老實人。如果你非要給我舉例子說：「你看身邊有很多人，結婚的對象都不是最愛的那個，而是最適合的那個，過得也滿好啊！」那我也僅僅是聽聽而已。

我身邊就有這樣的女生，大學畢業前一直單身，從沒談過戀愛，畢業後回家相親，沒過多久就順順利利的結了婚，成為大學同學裡結婚最早的一位。

你會很驚訝，從出生以來，我們跟同齡人就像是在進行馬拉松比賽，比學習成績、比工作、比年薪，以及比誰先結婚，然後讓下一代繼續比……但很少有人比誰更幸福，因為**幸福只能靠自己感知，它沒有標準**。

跑在前面、**經驗豐富的人未必贏了終點，而先到終點的人未必贏了人生**。

換作是你，你可能會去相親，願意多接觸一些異性，也能接受慢慢了解。說不定相處久了，了解多了，就有感情了呢？

事實上，當你面對一個沒有感覺的人，每次聊天都是沒話找話，談論的話題你都不感興趣，或離不開買房、裝修、未來孩子教育等現實問題時，你會不會有那麼一刻失了神：這樣追著、趕著步入婚姻，未來一定能好起來嗎？

你終於跟同齡人縮短差距，擺脫了該死的大齡剩男、剩女標籤，可是這樣真的就幸福了嗎？這個結果是你想要的嗎？如果你想找一個硬性條件相匹配、肯踏踏實實過日子的人，你可以選擇這樣的人生，可是如果你覺得愛情是生活的必需品，就不要走相親這條路。

大部分人會在一定的年紀結婚，你只要稍微晚一步，父母一定會催，親戚、朋友、同事替你操心、幫你張羅。當你的年齡再大一點，大家就開始勸你：不要太挑剔，差不多就行了。

真的是你要求高嗎？怎麼樣的要求才算不高？他們一定認為你想找一個外表漂亮、工作體面、家庭背景相似，最好還能買得起車子和房子的對象。

然而，那些遲遲未婚的人在乎的不是這些，他們只是想找一個聊天時可以不用硬著頭皮找話題的人。

大眾口中的將就，是人無完人，每一個人身上都有缺點，所以不要對別人有那麼高的要求。

沒錯，脾氣好的人，往往窩囊；有思想、主見、有個性的人，往往偏執、霸道；心思細膩的人，往往多疑、小心眼；過於專一而理性的人，往往木訥，不懂浪漫情調；特別浪漫、會用情話主打暖男氣質的男人，心裡往往同時存在好多女人，他對妳好，對她、對她們可能也很好。一個人的優點會附帶很多缺點，當你接受他的優點時，是否考慮過一併接受他的缺點？

他有很多缺點，笨手笨腳，所經之處東西叮叮噹噹的掉在地上，甚至站著打電話都能摔倒。他經常亂丟東西，經常找不到，鑰匙要配好多把，手機常不小心切到靜音，動不動就沒電。可是他愛她，很愛很愛，無論多睏也陪著她；每次吵架無論錯在誰，他都主動承認錯誤，主動哄她開心；他想辦法克服自己的粗心大意，儘管效果並不明顯。她也會經常跟他生氣，可是她願意在接受這個人好的同時，一併接受他的那些缺點。

如果你認為這是將就，那麼，這種將就是一種理解和包容，是伴著一些酸、一點苦嚥下去的甜。你可以為一個人變得更加寬容，這是對所愛之人的善意妥協。

如果別人口中的將就，是讓你改變自己的口味；與別人的選擇對比後再選擇；降低自己的標準；背離自己的想法與初衷；對生活跟自己妥協，找一個不喜歡也不討厭的人，就那樣不冷不熱的過下半輩子，你願意嗎？

將就，是對愛人溫柔的慈悲，不是對不愛之人的妥協，就像愛是克制，但克制的是自己，不是愛本身。

6／時間是最好的良藥，但必須對症下藥

慕小姐奔三，母親的同事介紹一個男生給她，她不得不踏上相親之路。男生是一位高中老師，大她兩歲。第一次見面前，兩人先透過電話聯繫一段時間，每次男生要求見面，慕小姐總是各種推脫，因此男生心裡既著急又忐忑，向介紹人告狀，最後消息傳到了慕小姐母親的耳朵裡。

母親急了，對慕小姐進行一番愛的教育，她很無奈，也無法反駁，只好硬著頭皮去約會。

第一次約會，男生預約好的一家西餐廳，他不但訂好了位置，還在網路上訂好套餐：醒好的紅酒，一盤水果沙拉，一份牛排，一碟西點，外加一份披薩。

他先倒了一點紅酒，嘗了一口說：「不涼不好喝。」於是讓服務員加一些冰塊。牛排擺在中間，他讓慕小姐切一塊，慕小姐急忙的說：「我減肥，你吃吧。」他用不慣刀叉，又向服務生要了兩副筷子。

紅酒加冰（按：紅酒加冰塊，會破壞酒質），用筷子吃牛排，這大概是慕小姐吃過的最難忘的一次西餐了。

從下午五點到晚上九點，慕小姐根本不想去了解他，自然也沒問什麼。大概是因為對方請客不好意思，慕小姐並沒有提前離開，就坐在那裡一直陪他聊工作，內容不涉及任何個人私生活。

終於熬到離開餐廳，慕小姐想借此別過，但他堅持要送慕小姐回家。可到了慕小姐住的社區樓下，他連一句道別的話都沒說就打車離開了。到家後，他發了一條短訊告訴慕小姐他到家了。

過了幾天，他又打電話約慕小姐吃飯，慕小姐說：「在我公司門口見吧！」他說：「還是在商場門口吧，不然我還要多走一段路。」

那天下雨，慕小姐打著傘，拎了一大包筆和練習本。碰面的時候，他轉身要搭電梯，並沒有接過她手裡的東西。慕小姐叫住他，伸出手把東西遞給他說：「這些筆和練習本給你的學生用，你拿著吧。」隨後又說：「上次是你請客，這次我請你，咱們吃燜鍋，你看好不好？」

到了餐廳，找好座位後，男生很主動的拿起菜單，只點了一份組合套餐，然後很肯定的對慕小姐說：「放心，這份組合套餐是這家最好吃的。」

服務員問：「有辣汁跟醬汁，能吃辣嗎？」

慕小姐可是無辣不歡，立馬點頭說：「能！」

他卻對服務生說：「還是要醬汁吧。」

慕小姐不吃牛蹄筋，男生點的雞翅又沒幾隻，慕小姐不好意思都吃掉，只吃了一隻，然後吃配菜。結果，他以為慕小姐是為了減肥，才沒吃多少肉，他熱情的說：「妳就多吃點配菜吧！」

雖說慕小姐在見面時說要請客，但她買單、掏錢，他在一旁剔牙沒有任何一點表示，裝作沒看見。吃完飯出來，他在餐廳樓下就跟慕小姐分開了。

第二天早晨，男生興奮的傳訊息給慕小姐：「妳給我的筆真好用。妳那裡還有紅筆嗎？我要。」

慕小姐哭笑不得，才見了兩次面，這人也太實在了。

這期間，慕小姐給他發資訊，都是隔好久才能收到回覆，他要上課嘛，可以理解。可他經常是上午發一條，下午回一條，晚上再發兩條資訊，從沒有發過結束語，也沒有發過「晚安」之類的話。他發的資訊幾乎沒什麼內容，通常是：「妳現在幹嘛？」「今天做了什麼？」最後再問一句：「妳猜我今天幹嘛？」

他繼續約她出來吃飯，但是慕小姐真心不想再跟他吃飯了，只好婉言拒絕。他很急迫的說，他剛買的房子正在裝修，很想讓慕小姐幫著一起出主意，一起裝修。因為他母親說，要按照婚房標準裝修，這樣就不用等結婚時進行二次裝修了，防止勞民傷財。

在電話裡，慕小姐提了兩點建議，一是該鋪地板還是地磚，慕小姐覺得地板比較好打理。他反駁，其實都一樣，只是她看不出來罷了。二是客廳要不要打隔斷，他堅持打個隔斷變成三室一廳，但慕小姐認為客廳大一點比較好，現在連廚房都是開放式的，不要破壞格局，兩室一廳暫時夠用。他又給否決了，說她沒見過房子，不是她想的那樣，非要堅持自己的想法。

這就如同之前吃飯一樣，慕小姐到底能不能吃辣不重要，重要的是，他已經徵求過她的意見了，但決定權在他手中。慕小姐只能客氣的說：「這只是我的想法，人與人的想法肯定不同，畢竟是你的房子，你拿主意就好了，我沒意見。」

第三次約會遲遲沒來。他憋了好幾天，終於發來一大段資訊，意思是，他很誠心的想跟她交往，想讓她幫著裝修房子，但她的表現很冷淡，讓他很不開心。

慕小姐立刻解釋自己很忙，有空一定幫著參謀，希望他有什麼想法直接跟她講，千萬別再到介紹人那兒告狀了。

她也曾試著說服自己，再等一等吧，跟他熟悉後，關係可能會好一些。他也說，等熟悉了就給她講講他的過去。然而，每次兩人剛聊得有點兒興致，他就消失了，經常冷場。他解釋說自己最近很累，晚上經常握著手機就睡著了。

有一次，慕小姐以為兩個人終於溝通好了，就發了幾條比較長的資訊給他，但他只回一個「嗯」字和一個笑臉表情圖。

慕小姐實在沒辦法再跟他繼續相處下去了，截圖跟媽媽訴苦，潛臺詞是：老媽妳看，聊不下去真的不怪我。

有一天晚上，他發資訊說：「剛才狂風暴雨、電閃雷鳴，妳回家時帶傘了嗎？沒被雨淋溼吧？」

慕小姐握著手機尋思：為什麼下雨的當下不打電話問她有沒有帶傘、要不要接她，而是等到下完雨之後才問呢？是不是就想聽她說沒帶傘，淋雨了，然後好發一句「多喝熱水」？

這種馬後炮的事還發生在慕小姐生日的當天，因為剛認識不久，她就沒好意思告訴他自己過生日，怕他買禮物、請吃飯。慕小姐原本以為他不知道，卻沒想到QQ郵箱有好友生日提醒。晚上下班前，他發消息「生日快樂」，連一個電話都沒打來。慕小姐心想：怎麼也應該送我一張電子賀卡吧？

很多人說，大齡單身青年都有這樣那樣的問題，所以才被剩下。有的人是完美主義者，要求高、不想將就；有的人不體貼、不會照顧人、不懂事；有的人渾身都是缺點，認不清現狀。然而，這真的只是年齡問題嗎？

在親子真人秀《爸爸回來了》中，製片人王中磊的小兒子威廉，跟李小鵬的女兒奧莉一起玩時，很照顧她，凡事徵求她的想法，在一旁幫著她，陪她玩，像一個小暖男。當時威廉還不到十歲，可有的人活了三、四十年，依然不懂人情冷暖。

我認為，**情商的高低與年齡無關**。我見過快五十歲的人依然處理不好人際關係，時常好心辦壞事，心直口快得罪人。

那個高中男老師對慕小姐說，他不會像電視劇裡演的那樣，整天只知道風花雪月，他心直口快，有什麼說什麼，不懂女生那些拐彎抹角的心思。

「我就是心直口快，妳得接受，妳得忍。」多麼可怕的一句話。

人在骨骼停止生長後，心智還在成長，只有不斷的了解自己、超越和改變自己，才能與別人建立良好的關係，適應社會。

如果你經常抽菸喝酒、打架鬥毆，怎麼能讓別人相信你是一個好人？有時候連你都很討厭自己，又憑什麼要求別人接納你、喜歡你？

有些男人永遠不懂女人為什麼生氣，有的女人永遠在抱怨男人為何不解風情。

愛妳的男人會感知到妳細微的情緒變化，無論妳怎麼掩飾，他都能察覺，雖然他不理解妳為什麼那麼敏感，但他會儘量照顧妳的情緒。他會反思自己，如何做到不惹妳生氣，怎樣哄妳開心。儘管他認為妳很多的做法幼稚可笑，但為了妳開心，他願意陪妳一起犯傻。

愛你的女人雖然知道你並不完美，有很多缺點，缺少浪漫細胞，但你給她的每一次感動，她都會銘記在心，時常回味。

一個男人不愛妳，就不會為妳浪費時間和精力，更不會考慮妳的感受。如果這個人一開始就不能給妳溫暖，沒有共同語言，很可能一輩子也就這樣了。

比起一見鍾情，我更相信一見如故，莫名其妙的有很多話說，感覺很投緣，只要在一起就很開心。我也相信，有的人無論你用多長時間去了解，都找不到共同語言，連吵架都吵不起來。聊天時，你說你的，他說他的，根本不在一個頻道上。

然而大多數人，最後因為年紀的限制，不得不對現實妥協，找一個條件差不多的人結婚，認為感情可以慢慢培養。

人與人之間可以磨合，把一切問題交給時間去解決，可是時間真的是最好的良藥嗎？也許是，但前提一定得對症下藥。如果你想讓時間來改變一個人，請先看看那個人是不是對的人。

7／既然走在路上了，那就姿態美一點

自從有了微信朋友圈之後，我便卸載手機裡的萬年曆。在朋友圈裡，重大節日、新聞事件、情人節話題、愚人節話題……一條接一條更新，想忽略都難。

當年，我也曾拿「中國作家韓寒不上大學，依然獲得個人成功」的例子安慰自己，條條大路通羅馬，是金子總會發光，人生不是只有高考（按：相當於臺灣的大學聯考）這一條路。

直到某一天在一檔節目裡，看到相聲演員郭德綱跟主持人孟非聊天，郭德綱說：「人才就像一座用土堆成的金字塔，越往上走精英越少，而我們倆是特例，是不小心被扔出去的兩粒沙子，剛好落在這個位置上，所以成名了，但這是極少數情況，不要抱有僥倖心理。」

我曾在各類節目裡了解到他們的經歷，都是苦過來的，窮的時候吃不飽。相比之下，在溫室裡好好讀書，考上一所理想的大學，拿著敲門磚走向社會，絕對不是虧本的買賣。

那天我跟老同學秦樂樂聊到高考。高中時，我們是比較任性的孩子。當別人一套接一套的做數學題時，我們在看課外書；當別人背單詞時，我們在看課外書；當別人溫習課本上的知識點時，我們還在看課外書。

晚自習時，我經常泡一杯咖啡，放在草綠色的桌布上，然後享受著咖啡與文字結合的美妙。入夏後，我倚著窗，偶有微風拂過，從心底裡蕩漾出幸福感。

高考後，我養成一個習慣，不開檯燈在書房坐一會兒，就感覺少了點什麼，晚上睡前若不翻幾頁書，心裡總是不踏實。我花了很長時間才改掉這個習慣，然後，每到晚上就理所當然的看電視、玩手機、聽音樂和廣播。

一天晚上，我路過母校，看到教學樓裡的燈亮著，就停留了一會兒，突然很羨慕此刻能享受著晚自習的學生們。

大多數文組學生厭惡數學，包括我在內。小學時數學考試得過滿分，那會兒不知道自己喜歡什麼，但作業會認真做好，按時完成。初中時數學成績不算好，外公是中學校長，教過數學課，便在週末接我去家裡補習。高中以後數學沒及格過，我不但不自卑，反而還很自豪：「沒關係呀，我語文、英語、社會是強項啊！尤其是作文寫得很好，成了人們眼中的才女，就算數學考零分，大不了被貼上一個『偏科歪才』的標籤罷了。」

所以我在想：有思想究竟是不是好事？太想依著自己的喜好做事，不接受任何安排和控制，偏執的追求自己熱愛的事物，甚至還會不計後果⋯⋯。

高考填志願的時候，大多數父母會優先考慮就業問題，建議子女報會計、英語、電腦等熱門專業。而我得償所願的選擇了中文系，父母並沒有反對，好像我念大學就只是為了報這個專業。美中不足的是，由於高中三年學習不夠刻苦，我並未考上中意的大學。

上大學後，我聽說北大（按：即北京大學）中文系教授孔慶東開課講金庸武俠，座無虛席，其他專業的同學也來蹭課，座位不夠了，大家就席地而坐。這正是我心心念念的學術氛圍，遺憾的是，我在自己的大學裡從沒遇到過這種情況。我接觸到的課程不過是高中語文課的升級版，老師不斷的灌輸枯燥的理論知識，然後考試，考過一科又一科，就這樣畢業了。

大四實習時，我回到高中母校。在講臺上，一個學生問：「老師從哪所大學畢業？講得太棒了，我也想考您所在的大學。」

另外一個學生問：「老師，您是北大畢業的吧？」

我笑著搖頭說：「不是，但你們還有希望。」

其實很多人和我一樣，並不是什麼勇敢的人，無法承受任性帶來的後果，更不可能瀟灑的揮揮手，滿不在乎的說一句：「青春無悔！」

北大中文系曾是我的夢想，但不知不覺間我離這個夢想越來越遠，它從一個目標變成了一場夢，遙不可及，不敢再想。

高中那時，我看電視節目《挑戰主持人》時，觀眾讓參賽選手尉遲琳嘉給即將高考的孩子們講幾句話，他說：「考上好大學，能讓你們少走很多彎路。」然後摘下帽子接著說：「你們看不到我背後的努力，這些天為了比賽，頭髮都白了。」

尉遲琳嘉說的話我深以為然，切勿被那些「毒雞湯」洗腦，上大學怎麼沒用啊？它能讓你去更好的地方，擁有更好的資源，做更好的自己。難道不值得你為之努力嗎？

一所好大學會在方方面面培養你的能力，決定你未來的發展方向，對你的人生格局有百利而無一害。所以，很多人把高考和大學當作人生命運的轉捩點。

記得當時年紀小，我誤以為人生中有很多選擇題都是單項的，非A則B，好好學習就等於放棄興趣愛好，寧願因為一個不喜歡的老師而放棄整門學科。

多年之後，回過頭去看青澀的自己，幼稚而可笑。多麼希望當下只是一場夢，一覺醒來，班中空無一人，一抬頭，黑板上寫著高考倒數幾天。望向窗外，陽光明媚，樹影斑駁，微風拂過，窗簾搖曳，我起身抓起書包，笑了。

於是我明白了，考出好成績是一件很划算的事，也是最能讓父母放心的一條路。既然踏上這條路，準備好往前走，姿態就美一點吧！

8 你只是活出了精緻的假象

大清早，我被微信群裡一個女孩說的一番話震驚到了。

群裡有人問她有沒有男朋友，她說：「我有男朋友啊，不過無所謂，不合適就換唄。我不愁找不到男朋友，手裡有好幾個備胎。他們都知道我有男朋友，但依然心甘情願的任我挑選。」文字中流露著自信、驕傲，還很享受。

我不知道她這種優越感從何而來？受人追捧的原因也許不是她很優秀，而是她比較好接近。

女孩們的朋友圈裡通常有一些擅長點讚的異性，他們到處找存在感，連妳多大年紀都沒弄清楚，便隨口表白。隔三岔五的找妳聊幾句，話裡話外透露著對妳的欣賞和情有獨鍾。妳若沒什麼回應，他們便又縮回去暗中觀察，跟什麼事都沒發生過一樣，今天說喜歡妳，明天好像不喜歡也行。

我反而覺得，人越優秀，越會自動遮罩掉很多這樣的異性，最後站在自己身邊的，一定是可以並駕齊驅，真正欣賞且喜歡你的人。與其不停的亂吃一通，不如空著肚子，把胃留給最好的食物。

有些女孩不拒絕、不許諾，態度忽明忽暗、曖昧不明，對對方的要求不高，給自己的定位太低，寧可暫時將就，抱著騎驢找馬的心態過空虛日子，也不願意翩然獨處，等待良人的到來。

我想知道，這樣的人知道什麼是愛嗎？真心愛過別人嗎？輕描淡寫的說一句：「無所謂，不合適就換，沒什麼大不了，對象又不難找。」連未來都不曾憧憬，還算盤著說散就散，這是維持一段好的感情應該有的態度嗎？

所以我好奇的問那個女孩：「換男人跟換衣服一樣，還會認真的去愛一個人嗎？會不會導致『愛無能』呀？」她說：「不會呀！」

群裡有個男生說，真正令人羨慕的是二十五歲就結婚的人。

她立刻反駁說：「我爸媽就是彼此的初戀，現在過得一點也不開心，不合適就趕緊換，趁著年輕，多談戀愛沒壞處。」

原生家庭對子女的影響，真的很重要。

我的外公跟外婆是同學，自由戀愛，互為彼此的初戀，是唯一且相伴一生的人。他們的感情特別好，誰也離不開誰。外公腦出血住院，嚴重時，家人不讓外婆去醫院，她就自己偷偷坐公車去探望，還說如果外公走了，她也不活了。

外公腦出血被搶救回來，但由於神經被壓迫，反應有些遲鈍，腦子偶爾會糊塗，連親人的名字都叫不出來。他躺在床上，外婆躺在他身邊，過了一會兒，外公伸出手，外婆自然的把自己的手放在他手裡，兩個人就這樣牽著手躺著。

我驚訝的喊媽媽過來看，媽媽卻很淡定：「他們年輕的時候就這樣，見怪不怪了。」所以我一直不喜歡刻意為之的感情，我相信感情是可以培養的，但是愛情不會，除非一開始就互有好感。

之所以相信愛情，是因為你見過愛情，也期待那種終始不渝的感情。

那個女孩不屑的對那個男生說：「像你這種憧憬二十五歲就結婚的人，就別給我們小女孩上課了。只談過一次戀愛，都沒感受過生活，沒點經驗怎麼行？談得多才知道怎麼跟異性相處，保持什麼樣的距離。」

我暗自想，每一個人都是獨立的個體，你的經驗再豐富，遇見真正喜歡的人，依然會手足無措，經驗其實起不了多大作用。相反，那些反面教材的經歷會讓你喪失赤子之心，變得膽小而多慮。

她還指點群裡的女孩們一定要活得精緻，生活要精緻、妝容要精緻、談吐要優雅。還特意強調，一定要化妝，哪怕是淡妝也好。

她傳授給姐妹們一些「成功學」，比如她花了兩萬元（按：依二〇二一年七月二十九日當天公告，新臺幣一元等於人民幣四．三元來計算，約新臺幣八萬六千元。若無特別標註皆為人民幣）去學習烹飪，還學習插花、茶藝。

可是，如果學一些特長不是因為興趣愛好，而是為了取悅男人，為將來找伴侶而投資，不覺得自己掉價嗎？如果一個男人喜歡妳，是因為妳化妝技術，那他愛的就不是妳，而是妳化妝後精緻的臉。

妳理解什麼是精緻嗎？其實，妳只是活出了精緻的假象。**精緻不是裝模作樣給**

別人看，更不是功利的看待一切，而是熱愛生活，取悅自己，做著自己喜歡的事情，有著自己的愛好。

妳又理解什麼是自律嗎？早睡早起，定期健身，不喝碳酸飲料，少吃燒烤、麻辣燙，注意護膚、化妝和穿衣搭配，這些不叫活得精緻，而是自律。

自律不僅表現在這些事情上，還表現在你對感情的態度上。

很多人告訴妳，女人該如何努力，要變得精緻、懂得自律。這樣，妳就能成為自己想要的樣子，遇見更優秀的自己，但是我想說，我還是喜歡隨性的妳。

就像舞蹈家金星所說，會有因為晚上忍住不吃飯，第二天早晨醒來時的成就感，也會有把減肥的念頭拋到九霄雲外後，享受美食的滿足感。

不要無限放縱，也不要過度苛刻。你不是為誰而減肥，為誰而壓抑情感，而是為了讓自己達到一個平衡。

比起成為精緻的男人或女人，我更希望你能自在、快樂。

9／

談戀愛是一種修行

男人和女人吵架，多數情況是因為各自認為有理，誰也不服誰，誰也不想遷就誰，而抱怨和不解就是傷害彼此的元凶。

男人和女人的思維方式不同，看待問題的角度自然也不同。

女人對男人常有這樣的疑惑：為什麼你愛我卻不表現出來？為什麼你想我卻不主動聯繫？為什麼睡前不跟我說「晚安」？為什麼不給我驚喜和浪漫，像是送鮮花和小禮物？為什麼不能陪我去我想去的地方？為什麼逛商場時不幫我拎包？為什麼你一忙起來就忽略我？為什麼你的事業和朋友比我重要？為什麼你總拿「現在的努力，不是為了自己，而是為了我們的未來」這類話敷衍我？就你現在對我的這種態度，我們還會有未來嗎？

而男人對女人常有這樣的疑惑：為什麼妳那麼在乎形式和細節？我愛妳，把這份愛藏在心裡不行嗎？非要我透過各種方式表現給妳看嗎？人生如此漫長，天天取悅妳，我不累嗎？妳為什麼不能消停點？

好啦，現在矛盾已經產生了，女人抱怨男人不溫柔、不體貼、不浪漫、不解風情；男人抱怨女人無理取鬧、目光短淺。

小時候，你一邊玩玩具，一邊說著幼稚的話，爸爸、媽媽不陪你玩嗎？罵你了嗎？他們依然耐心的陪你躲貓貓、堆積木，準時叫你吃飯、喝水。爸爸、媽媽工作一天，拖著疲憊的身體回到家裡，仍不辭辛苦的為你把衣服洗得乾乾淨淨。他們對你的愛從未減過一分，可你長大後愛上一個人，又為對方付出了多少呢？

我還想問：你是跟對方談戀愛，還是跟自己談戀愛？你真的愛對方嗎？

如果你確信自己愛對方，而且願意無私的接納對方，就別再掩耳盜鈴般逃避問題了。明明你們本質上沒問題，各個方面般配，最重要的是相愛了，為什麼老因為一些小事爭論不休、互相傷害？難道一輩子的幸福，還抵不過一時的嘴上痛快嗎？

如果你是一名男性，那你應該明白：女人渴望的不是你打幾通電話給她，不是你們打電話的時間有多長，而是她想知道此刻你在想她。你關心她說明你愛她，這樣，她才更有安全感，更願意嫁給你。

當你在自己的微信朋友圈和微博提到她時，這代表著她得到了你的認可，你願意讓她進入你的生活圈，真正融入你的生活，而且毫無保留，不會三心二意。

這是女人專屬的情緒嗎？其實並不是，男人只是不喜歡承認罷了。如果你的女朋友從不在人前提起她有男朋友，也從來不告訴別人她男朋友是誰，你心裡會是什麼滋味？這不是故意秀恩愛，而是一種自然而然的表達。

信任的基礎是時間，是一件件事情的累積，如果只有一個口說無憑的保證，只有一份虛無縹緲的篤定，那麼你又怎麼說服自己相信對方呢？什麼叫談戀愛？談是需要溝通跟互動，而不是悶在心裡，讓對方意會。

連三毛那麼瀟脫的女人都認為，**愛情和婚姻要落實到穿衣吃飯上才踏實**。

其實，女人比男人更願意相信美好的事物，而你為她所做的一切，能充分顯示她在你心中的地位和分量。

一位已婚的男性朋友問我：「妳們女人真的這麼在乎形式嗎？」我樂了，如果女人在愛情面前還能保持冷靜、明智、理性，那說明她根本不愛你，只是把婚姻當作交易。愛是自私的，是一種渴望、占有，當然，這不能成為打壓、謾罵、傷害對方的藉口。

很多情侶都有過這樣的經歷：聊得不愉快而吵了起來，吵著吵著就把所有不滿的情緒都發洩出來，不講究說話的方式，也不在乎措辭，什麼犀利說什麼，什麼痛快講什麼。結果越吵越凶，本來你心裡不是那麼想的，卻故意扭曲，故意氣對方，結果傷敵一千，自損八百。

你準備做一件事、說一句話之前，可以考慮一下後果嗎？

身為成年人，我們既要對自己說的話負責，還要學會控制情緒跟變通。你把對方貶得一文不值，自己就高高在上了嗎？

對方是你的愛人，你貶低對方時，其實也在貶低自己。你讓對方傷心難過掉眼淚，自己就舒服了嗎？你用自己的愛傷害一個你愛的人，真的會比對方好受嗎？

我們總說相互理解、體諒，究竟該怎麼做？我們要做的不是容忍，而是改變。

昨天早晨，男朋友熊先生在公車上問我晚上睡得好不好、吃早飯了嗎、脖子疼不疼，還囑咐我在辦公室別一直坐著，多起來走動。今天早晨，我一邊盤腿坐在床上擦臉，一邊打電話催他起床，叮囑他開會別遲到了，開會前吃點東西。一通電話兩、三分鐘，這份關懷使整個早晨都充滿無限的溫暖。

你要知道，這個世界上除了父母，還有一個人那麼愛你、關心你。當你擁有對方時，充滿了信心和力量，感覺什麼都不怕了，破產了，錢可以再賺；工作不如意，可以再換。無論你是何種境況，對方都不會嫌棄你、不會離開你，這有多麼幸福啊！

我曾對熊先生說過，只要他保證做好兩件事，一是對我好，體貼溫柔；二是始終專一，不花心，那麼任憑多大阻礙我都不會放棄他。其實很多女人需要的無非也是這些。

體諒不是緩解氣氛的詞語，而是你要真正為對方做些改變。

男人不要總想著要女人別那麼矯情、別那麼多要求。女人能有多少時間和青春痴痴的等你、陪著你？你沒資格要求她無條件的付出和沒有退路的堅持，你應該站在對方的立場多考慮：怎麼才能使對方更快樂，怎麼才能給她想要的愛情。既然愛她，為什麼不能多花些心思博紅顏一笑呢？一些不重要的人和事，和她相比，究竟孰輕孰重？

女人不要總覺得別人家的男人好，有時間抱怨自己的男人不浪漫、不解風情，不如想想該怎麼塑造他。好男人的優秀品質不是與生俱來的，他學習成績好，那是老師和父母教得好；他工作能力強，那是在工作崗位上鍛煉出來的；在愛情方面，妳不努力引導他成為妳想要的好男人，他能憑空變好嗎？

我們並不是和自己談戀愛，想要和伴侶好好相處，是不是應該適當的少一些不滿和指責，多一些理解和改變？

遇到一個好的戀人，你會成為更好的人。愛情原本就是一種修行，你用心了，花費了時間和精力，就更容易修成正果。東西壞了，修一修未必不能用，換新的，未必用習慣。你想要怎樣的戀人和愛情，你就要付出怎樣的努力和代價。

第二章

給體面一點時間

1／美，是人群當中一眼就認出你

美女是什麼樣子？

我認識很多女生都認為美女一定要有氣質，可愛又不失穩重，穩重又不失小清新，小清新又不乏知性，知性又帶著點文藝氣質，文藝氣質又有點霸氣。當然，女生看女生側重內在美多一點，如果非要側重外在美，那她一定得有自己缺少且很渴望得到的某種氣質，要美就美到驚豔、美成夢想。

對於男人而言，美女的定義就太寬泛了。有一張可愛的臉是美女，有一雙修長的腿也是美女。主持節目《千里共良宵》的姚科老師跟我說，他認為有一雙美手和一雙美腳的就是美女；不管卸了妝是什麼模樣，只要看著順眼的就是美女；不問過去，不管名聲，不在乎未來，此刻能讓他賞心悅目的就是美女。

當一個人評論一個女孩不好時，有的男生會反駁：「為什麼那個女孩還有那麼多人追？」

追求者的數量代表什麼？追求者多的女孩的品質真的就好嗎？未必吧，只能說明她容易被搭訕。男人一般都懶，懶到只在追女孩才時肯花大量的時間和金錢，追到手後立刻原形畢露，什麼溫柔體貼、善解人意，大多是偽裝的。

你想，他們願意追求高冷、孤傲的女人嗎？除非是真愛，否則，內心不夠強大的男人早就躲得遠遠的了。

當然，有些男人追求女生不一定是因為喜歡，就像打籃球，大家都在搶，你搶到了，你贏了，就覺得自己很有面子。實際上，你真的覺得她很好嗎？

一個做電視編導的朋友跟我講，他的一個女性朋友是主持人，兩個人多年沒見，有一天他碰到對方嚇了一跳。那個女主持人的變化極大，她直言不諱的說自己去韓國整容了。

現在很多娛樂平臺都在推薦女網紅，作為一種謀生之道無可厚非，但她們的樣子往往讓人分不清誰是誰。開眼角，眼部周圍畫著又黑又粗的眼線，戴美瞳和硬邦邦的假睫毛，清一色的一字眉、尖下巴、小窄臉，鼻子兩翼塗深色，修飾得筆直，一頭烏黑長髮非要染成其他顏色，怎麼看都覺得有點怪。不過，對她們來說，一旦卸妝，就可以否認那是自己。

我不反對女生化妝，而是說儘量別化濃妝。生活裡不要太戲劇化，烈焰紅脣不是時尚，而是奇葩。比如時尚圈流行透視裝（按：特徵為質感輕薄透明或鏤空的衣物，能產生似有若無的透視肌膚視覺效果），妳會穿著上班嗎？

女生最怕的就是醜、老、胖。有些青春美少女急著長大穿上人生中第一雙高跟鞋，迫不及待的用美膚效果很好的化妝品，用一層層粉底遮蓋青春的稚氣和可愛，渴望把自己變成一個成熟的女人。而成熟的女人總想脫去折磨雙腳的高跟鞋，換回中學時的那雙白球鞋。

成長的印記是無法掩蓋的，從手上、脖子上，甚至眼神裡都有表現，你藏不住，自然很痛苦。最恐美人遲暮，所以很多人轉型為才女，林青霞開始寫書了，張曼玉開始唱歌了，每個人都想找一些與歲月抗衡的東西，來證明自己的存在感。

那天看談話節目《楊瀾訪談錄》，嘉賓是女演員宋丹丹，她穿了一身黑衣服，戴著黑邊眼鏡，頭髮短短的，很幹練。有個小男孩問：「丹丹阿姨為什麼不留長髮呢？」她說：「因為年齡大了，梳長頭髮不好看了。」她也時常在孩子們面前自稱丹丹奶奶，不避諱自己的年齡，勇敢的戴上老花鏡。宋丹丹對楊瀾說，有一天她發現腮上長出兩道皺紋，第二天照鏡子還有，第三天它還在那，她意識到，它永遠長在臉上了。開始可能很難接受，但與其去詛咒和悲傷，不如開心的接受如今荷爾蒙已經不多的自己。

對女生來說，每個階段有每個階段的美，不用著急，不必攀比，也不用把自己變成誰，妳就是妳，**獨一無二才是美的標誌**。家長用不著刻意把女孩打扮得成熟，女孩年齡大了也用不著擔心自己年華老去，**歲月帶不走端莊、大方、優雅和賢淑，美不是讓妳成為大眾臉，而是人群當中，讓人一眼就認出妳。**

2／先經營自己，然後遇到你

人要適應生活，首先要適應自己。

微博上，有個小女孩說自己最近很煩躁，原因是月經還沒有來。如此說來，月經真不是個東西，它如期而至，妳莫名煩躁，隨時想發脾氣；它來早了，妳抱怨，還是煩躁；它來晚了，妳盼星星盼月亮，也是煩躁；它不來，妳就更煩躁了。

很多時候就是這樣，人們習慣性的抱怨，不知足、不滿意、沒好氣。眉毛擰在一起的時間久了就很難再舒展，即使你想笑，也笑得很難看。

工作忙了，你嫌累，抱怨自己沒時間吃早餐，也沒時間娛樂、談戀愛、陪父母、旅行，總之沒時間做自己想做的事情。

工作不忙，你嫌生活太空虛、太無聊，整天無所事事，像個百無一用的廢人，你恨這樣不求上進的自己，你抱怨社會不給你提供一展拳腳的機會。

你說，老天要如何給你一個兩全其美的安排？既讓你過程充實，又不能讓你奔波勞碌。

或者你本來就很怨天尤人，還是你根本不知道自己想要什麼、追求什麼、在乎什麼。所以，無論老天給什麼，你都覺得不夠好、不理想，不是自己想要的。

我一個同事的丈夫在創業，幾乎沒有節假日，好不容易休息一天，也是坐立不安。他說：「還不如讓我去幹活，在家無所事事，手都不知道放哪裡，心裡總是沒底。」他認為作為一個男人就必須盡力去奮鬥，讓老婆和孩子過得舒坦，這樣他才既充實又享受。這是他的價值觀，大概就是甜蜜的負擔吧！

我最近忙得暈頭轉向，一刻不停的在電腦前工作，不斷的與各方客戶溝通。尤其是昨天，糟糕的天氣，陰雨綿綿，心情煩躁，早飯都來不及吃就開始忙。以前我從沒這麼忙過，但這幾天忙下來已經適應了，如果閒了，反而不自在。

一場秋雨一場寒，很多人開始穿秋褲了。我媽媽打來電話說，她在家已經穿棉褲了，問我有沒有穿厚衣服，我說我還在穿牛仔褲。媽媽埋怨我穿得少，並進行了一系列教育。媽媽的年齡越來越大，我們對同一個季節的感受也越來越不同，我這裡還在過初秋，媽媽那邊已經過上初冬了。

我記得去年還盼望著十一長假（按：指中國國慶假期，連放七天）能早點到來，可以一個人躲在房間裡邊吃糖炒栗子，邊喝咖啡看溫情電影。我當時還計畫要再看一遍《我愛我家》。

我很想要一種規律的生活，在規律中享受偶爾的驚喜與變化。

今天中午，上司要給我介紹一個大齡男生，我開玩笑說自己不喜歡大叔。**婚姻可以沒有愛情，卻不能沒有感覺；可以沒有心跳，卻不能沒有情動；可以沒有激情，卻不能沒有感情。**

畢業好幾年了，一切都還好，只是沒有一個可以寄託情思的人。有時候緣分不如奇跡可靠，還是每天回家邊泡腳、邊看書更現實。

不忙的時候，我會做一期電臺節目，可播出後幾乎不會再回去聽。我總覺得自己聽自己的聲音很彆扭，很想找個地縫鑽進去。主持人陳魯豫也說過，她受不了回頭看自己的節目。

回家的路上，有人念著我剛寫完的文章。伴著一個溫暖、性感的聲音走夜路，那種感覺就像小時候聽廣播，主持人剛好讀到你的短信一樣，激動得好像第一次知曉短信的內容，認真的聽每個字，包括他均勻的呼吸。我跟讀我文章的人說：「我每天下班前都寫一篇文章，你說給我聽吧！」對方竟然爽快的答應了。

每個人一生中必然得獨自走一段路，不知道多遠，也不知道多黑多冷，我只知道，這是成長的必然。此刻的我大概就處在這個階段，慢慢的經營自己、調整自己，找到最好的自己，然後遇到你。

3／你愛一個人的樣子，一點都不特別

談戀愛時，手機時刻不離手，生怕自己遺漏對方的消息，不能及時回覆。更確切的說，是怕不能第一時間看到對方發了些什麼。那種心情就像小時候交筆友，一封信寫了好幾頁紙，塞進信封後，趕緊貼上一張郵票，塞進郵筒的瞬間，就開始期待回信倒計時。

你也許沒交過筆友，但你可能等過這樣一個回你訊息的人。

在沒有微信之前，大家都用簡訊互通有無，每一條簡訊都收費，還有字數限制，總是寫了刪，刪了又寫，用最簡練的句子表達最精準的情緒。

現在有了微信，大家習慣傳語音訊息，少了輸入法一個字一個字敲出來的質感，少了對每一個字的珍視。然而，遇見重要的人，也會斟酌再三才送出訊息，可能會有點忐忑，但又不好意思撤回訊息。

不管世界怎麼變，科技怎麼發達，「喜歡」這種情感亙古不變，是想伸出手，卻不敢觸碰；是千言萬語，卻欲語還休。

我的一個男性朋友最近在談戀愛，據他描述，女朋友人品不太好，覺得花男人的錢理所當然，哪怕對方不是她的男朋友，都能摟摟抱抱開玩笑，一邊答應做他女朋友，一邊還騎驢找馬。

兩個人在一起還不到三個月，屬於熱戀期，他追了她半年，而她卻報考了其他城市的公務員。

他問：「如果妳考走了，我怎麼辦呢？」

她說：「就算我考不上，最後的結婚對象也不會是你啊！」

據了解，這個女孩各方面都不出眾。大家都很奇怪，她到底哪裡吸引他呢？

她從不會主動打電話、傳訊息給他，除非有事找他。五月二十日，他給她發紅包五百二十元，她給他買了兩條普通內褲，這也是她唯一一次給他買東西。他問：

「妳給我買這個幹嘛？」她說：「反正花的是你的錢。」她更不會主動關心他，對他不聞不問，有時還嫌他黏人、煩人。

我們幾個朋友聚餐，另外一個男生的女朋友給他打視訊電話查崗，我們都笑他是「妻管嚴」，唯獨這個男生非常低落的說：「我真羨慕你，我多麼希望她也能在乎我一點，管管我，哪怕是查崗也好啊！」

大家都不笑了，因為這話聽上去特別心酸。你的負擔和煩惱，也許正是別人夢寐以求卻求而不得的甜蜜。

他說：「我連買個原裝兩百多元的充電器都捨不得，但是給她買口紅、項鍊，買什麼都捨得，一點兒也不會心疼，我願意把我的全部都給她。」

大家都不理解，這樣一個女人，哪裡值得他如此傾心付出？

我對他有一種怒其不爭（按：指對某人或某種落魄境遇不爭氣、不反抗，而感到憤怒和遺憾）的恨意，但是我沒再勸他，因為我知道他是真的動情了。在這個年紀能遇到一個人，讓你放下偏見、成見、世俗的標準，甚至把渺茫的未來寄託在不確定的希望中，挺不容易的。像我們這種唯唯諾諾，拿著驕傲、自尊當藉口，假裝瀟灑的人，只能心不甘、認命的等待那個還沒有出現的人。

他問我：「妳若喜歡一個男孩子，妳會為他改變嗎？比如妳不會做飯，妳願意去學嗎？如果對方不夠成熟，妳有耐心陪他一起成長嗎？對方為妳付出那麼多，妳會感動、會主動關心對方嗎？」

我說：「會，都會，而且對方也能感覺到。」

他無奈的說：「她說她不會做飯，也不想學，她說我沒戀愛經驗，還勸我多談幾次戀愛，回頭再找她，她不想浪費時間教我成長。不管我給她買什麼，都看不出她開心還是不開心。我給她買的手鏈和項鍊，她一次都沒戴過，還說我買的口紅顏色她駕馭不了。」

我發現他總是低頭看手機，螢幕按亮了再按滅，因為他女朋友說要秒回訊息，如果沒在五分鐘內回覆，以後就不要聯繫她了。

我想起自己對喜歡的人，哪怕今天上了幾次廁所都要告訴他。若不喜歡一個人，會條條框框的把自己的喜好統統丟給對方，比如不要在我手機充電時發訊息過來；有事說事；把要發的文字整合成一條訊息，別一條資訊幾個字連續發個沒完；

如果十幾分鐘才回我，我就不會再回覆了；儘量發文字，不要發語音，不方便也不想聽等。

如果一個異性對你如此苛刻，只能說明一點，她不喜歡你。她不是不肯改變，只是不願為你付出。你不是她心裡的那個人，所以她才會心不甘、情不願。

就像我，手機充電時不會玩手機，就連聊天也會莫名的焦慮煩躁。但是跟喜歡的人，哪怕頂著手機爆炸的危險，我也願意陪君聊到深夜，第二天帶著熊貓眼開心的去上班。而對於沒好感的人，要麼懶得看，要麼想起來再回，或者乾脆不回。

如果她不愛你，你所有的好都顯得特別廉價。她也許會心存感激，會被感動，甚至覺得歉疚，但是都不足以讓她感到快樂和幸福。

重要的不是某樣東西，而是那個人在你心中的位置，帶給你的心情。

你買的禮物她扔到一邊懶得拆，而心裡的那個人第一次寄快遞給她，她會連郵寄單都小心翼翼的撕下來，放到禮品盒裡收好，僅僅因為這是第一次收到他的快遞，而且上面有他的字跡，跟他有關的一切都顯得彌足珍貴。

你送她九百九十九朵玫瑰，人家還嫌扔起來費勁，而心裡的那個人第一次送花，她便把花瓣摘下，風乾，夾在日記本裡，每次看到都會甜甜的笑。

當你喜歡一個人時，你會問：「在幹嘛？」當你不喜歡一個人的時候會告誡對方，別總是問你問題；當你喜歡一個人，手機一響就迫不及待的去看，若發現不是他，心裡會有點失落，內心潛臺詞是「怎麼是你啊」；當你喜歡一個人的時候，面對對方的關心會歡呼雀躍，**當你不喜歡一個人時，對方的主動關心便是打擾，不！是騷擾**。

你能為一個人拚命，卻不願意為另外一個人做一丁點兒改變；你願意委曲求全的維護一段感情，卻不願意容忍另外一個人的缺點；不管你喜歡的人是否傷害過你，你都願意在原地等待，或者破鏡重圓，而另外一個人為你掏心掏肺，你卻熟視無睹，瀟灑的轉身離開。

愛與不愛的區別就是這麼大，沒有任何辦法。

你愛一個人時，不想錯過對方每一個早安和晚安，你關心對方的飲食起居和心情，願意放下自己的喜好。比如你以前喜歡出去玩，而今下了班卻第一時間奔回家；你以前通宵打遊戲，而今卻把遊戲卸載了。哪怕只是一起看看電影、說說話，你也願意和對方虛度時光。

一個男孩子在聚會上總跟女朋友傳訊息，其他同事不理解，還以為他女朋友黏人，不放心他出去玩。

其實，男孩子的女朋友告訴他：「你先吃飯，跟同事在一起卻總看手機不好，等你回家再說。」

愛就是這樣，說了無數次「掛電話吧」、「晚安」、「一會兒再說」，依然被一句話又引出無數句話，最後被自己的行為逗樂，戀戀不捨的結束對話。

他笑著跟同事說：「我真心覺得跟她說話，比吃這頓飯要有趣。」

他的同事無法理解。

其實他沒撒謊，發消息時不自覺的揚起嘴角，印證了他此刻的心情。

如果對方不是自己喜歡的人，哪怕回消息都會皺著眉頭，極不耐煩。

有一次他跟女朋友吵架，發消息道歉時被另外一個男同事看到了。男同事拍拍肩膀安慰說：「原來你也跟我一樣，會發那麼長的一段話給對方。」

是啊，愛的時候，那種心情和行為都大同小異。

媽媽說：「找一個年紀比妳大一些的會包容妳，對妳好。」

我笑了笑，對妳好不好，是否包容妳、讓著妳、疼愛妳，不取決於年紀，而取決於妳在他心中的位置，取決於他愛不愛妳，以及愛妳的程度。

愛情可以讓人一夜之間成長，從不懂事、不在乎、自私，變成「我願為你傾其所有」。如果沒有了愛，只剩下責任與目的，那也就只剩下心不甘、情不願了。

我們都曾是一個不肯低頭、不肯忍讓，覺得自己與眾不同，不願改變的人，直到遇到一個人，你想做對方的拼圖，便不停的修剪自己，去掉稜角，讓自己變得更柔軟，去適應對方。比起受傷害、受打擊，愛無力和愛無能更加可怕。

愛，其實也是在挑戰自己，需要你啟動那個未知的自己。

那種感覺，不管是愛過還是被愛過，都是美好的，不管何時想起，都如夏日午後的窗前，暖風拂面，窗簾飄動，夾雜著花香，撩撥得人心癢癢的。

4／他們只是看上去不努力

初中那會兒，我們班有一個男同學很另類。上課時，他會號召大家一起閒聊、搗亂，跟老師抬槓；自習課上，他總是看課外書，或拿著筆在手指間轉來轉去；下課後，他會第一時間衝出去踢足球，或者參加學校組織的各類活動。你幾乎看不到他學習，可奇怪的是，他每次考試都能在年級排前幾名。

傳統的學霸，應該是聽話的書呆子。可他號稱自己從不熬夜苦讀，每天一副玩世不恭的樣子。

我看似很用功，上課認真聽講，配合老師舉手回答問題，下課還偶爾跟同桌一起背幾個單詞。自習課上，我從不擾亂課堂秩序，只是偶爾把隨身聽的耳機線從袖口拽出來，跟同桌一人一根，小心翼翼的塞進耳朵裡，再用長頭髮蓋上，假裝很認真的低頭寫字，其實是在抄歌詞。就這樣，我覺得自己已經很叛逆了。

我也會讀課外書，但不會透過這種行為，故意向別人展示我要跟枯燥的學習做鬥爭。回家後，我會先完成老師發的作業。可像我這樣看似乖巧聽話、刻苦學習的好孩子，除了語文，其他學科的成績都一般般。晚上我很少在十點以前睡，經常聽午夜各個波段的電臺節目，我的電臺情懷就是從那個時候培養起來的。

有一次，那個男同學把英語老師惹急了。英語老師向來心直口快，她指著那位男同學說：「別看他在學校不學習，還擾亂課堂秩序，他是不讓你們學，然後晚上回家自己偷著學。你們全被他騙了。我跟他媽媽聊天，他媽媽告訴我，他回家話很少，吃完晚飯就開始學習，經常淩晨才睡，練習冊做完一本又一本，真題試卷做過無數套，這些你們知道嗎？」

教室裡異常安靜，我偷偷瞄了一眼，他臉上帶著一抹奇怪的笑容，似無所謂，又似很尷尬。他極力想掩飾自己的情緒，手卻緊緊抓著桌子的底板。

其實，有一次我無意間翻到他的練習冊，除了學校給的作業外，還有很多從各個管道買來的模擬習題，全都寫滿了答案。那時我就猜到了，他不是一個不努力的人，那些寫滿了答案的練習冊就是證據。我想，如果他能更好的利用上課時間，那麼成績應該不止於此。

大學期間，系裡經常有蹺課小分隊，他們總是在上課的時候搶占最後一排，趴在桌子上睡覺或者讀課外書，老師點完名後就消失。可是他們之中也有人一科不掛，甚至能得獎學金。

那是考試前最黑暗的一周，他們天沒亮就去圖書館占座，晚上閉館才回來，而我和其他同學卻因吃飯問題而爭論不休。他們的努力體現在淩晨還不滅的一盞盞小檯燈，走廊裡背題時踱來踱去的細碎步子，而我們這段時間的作息與平常毫無二致。他們的努力跟平日裡留給大家的印象相比，真的很容易被忽略、被遺忘。最後的差別是，他們經常蹺課，看似不學習、不務正業，反而能得獎學金，這不公平！

你身邊可能也有這樣的同事，他們上班經常遲到、早退，別人低頭忙碌時，他總是在打遊戲，可業績卻很好，上司也很賞識他，升職、加薪樣樣不落下。而你只能拖著累個半死的身子，仰天長嘯，這不公平！

真的不公平嗎？

人家到底有多少個日日夜夜加班的日子你沒看到呢？人家看上去不努力，只不過是沒在你面前努力而已。而你卻當真了。

你看似很努力、很上進，也只是看似而已。我們不得不承認，有些人天資比我們聰慧，但機會是留給聰明且上進的人。那些明星在無數個失眠的夜裡痛哭過，卻在訪談中瀟灑的說，當初很幸運，考才藝的時候只是跳了一段健身操就被錄取了，或者說陪朋友去試戲，結果朋友沒被錄取，自己反而被導演看上了，從此一帆風順的走到了今天。

多少新人演員磨破了無數雙鞋，低三下四的給導演送簡歷，為了得到一個出鏡的機會而委曲求全。可是他們不會告訴你這個過程有多艱辛，這個行當有多殘酷，就像那些寫成功學案例的書不會告訴你成功者是怎樣努力的一樣。

有些富二代，看似整天不務正業，但事業依然順風順水。這是**因為他們做正事的時候沒在你面前顯擺，沒讓你知道而已**。別以為只是運氣好，上天再怎麼眷顧你，等機會到來時你得抓住才行。拿別人的弱勢比自己的優勢，永遠只能自欺欺人的在背後心酸的笑。

不要自作聰明以為自己能看到別人生活的全部。世界那麼大，優秀的人不在少數。**你以為只有自己最聰明，可其他人並沒有你想像中那麼傻。**

5／別人的男朋友總是比較好

這些年流行暖男一詞。簡單來說，是看上去陽光、體貼、溫柔，妳的想法和需求盡在對方的掌握之中，只要稍微流露情緒，他立刻能做出回應。暖男比經濟適用男（按：指身高普通、髮型傳統、外貌平凡，薪水會給妻子或ＡＡ制，不菸不酒不賭博，對另一半忠誠等）更懂得如何討好女人，更受到女人的青睞。

具備這種有女人緣特質的男人，我們通常稱其為別人家的男朋友——他很浪漫、風趣幽默、帥氣，身材也很好，還會做一手好菜，最重要的是對女友很好。

我讀大學時認識一個男生，他的家庭條件很差，但他在學校裡是一個風雲人物。他全靠一張嘴哄小女孩，誰做他的女朋友都會引來一片羨慕。他會在公共場合單膝跪地，從自己手上摘下一條麻繩手鏈送給女孩。可過不了多久，他又會把同款麻繩手鏈送給另外一個女孩。

暖男如同熱水，追女生時就像在泡泡麵，等到麵泡開了，水也就涼了。相反，有些男人像冷水，外表冷冰冰的，不會把太多時間和精力放在女人身上，不會像賈寶玉一樣，看見一隻大蝴蝶風箏掛在竹梢上，便笑道：「我認得這風箏，是大老爺那院裡嫣紅女孩放的。」他認識誰的風箏都合適，但他連大老爺房裡一個通房丫頭（按：女主人從娘家帶來的陪嫁，方便在夜間伺候主人的親近丫鬟。除了會看到主人行房外，有時也要幫女主人滿足丈夫的性需求）的風箏都認識，這樣真的好嗎？

很多女生常抱怨，為什麼自己的男朋友不浪漫、不體貼？別人家的男朋友，會送花、會做飯，閒暇時還會帶女友去旅遊。而自己的男朋友很少做家務，連腳都懶得洗，從來不想著過情人節和紀念日。

說到情人節和紀念日，我和男朋友的對話是這樣的。

他說：「搞不懂女人為什麼那麼在乎這些形式，我想送花、給驚喜、想和妳出去玩，用得著固定在某一天嗎？那麼重視婦女節、七夕、情人節、生日幹嘛？」

我反駁：「是不用過那麼多節，但生日、紀念日、情人節還是該區別對待。」

他不屑的說：「妳看，妳不也一樣在乎這些嗎？」

我耐心的解釋：「不是全部都過呀，過這些節日就像是除夕夜，全中國人都吃餃子，但餃子一定要春節吃，平時想吃不就能吃嗎？在一個特別的日子和氛圍下跟著大家開心的一起過節，也很好啊！」

別的女孩子在情人節都有花收，臉上都是幸福的模樣，也許她嘴上不說「我要這個，我也要那個」，可你忍心讓她不開心嗎？若你愛她，你會讓她一個人在生日當天自己吃泡麵？節日不重要，心意才最重要。

男朋友嘴上雖說從來沒過這些亂七八糟的節，卻怕我有心結，七夕的前幾天就跟我商量怎麼過。

我其實沒怎麼在意。七夕的前一天早晨，他在上班的路上急匆匆打電話給我：「咱們快點定一下七夕怎麼過，我今天要開一天的會，再不商量就沒時間了。」

節日當天我收到一個包裹，是一瓶精緻的防曬霜。不過，這不是七夕禮物，他在沒注意七夕是哪天時就買了，原因是他升職薪水調漲。我開玩笑的說：「這是

『孝敬』我的嗎？」然後靦腆的說：「愛對了人，每天都是情人節。」

我欣賞他這種溫柔。當一個人想對你好、想為你做一些事情時，不會提前告訴你，而是在不經意間完成；不會刻意討好你，而是真心對你好。

他是一個純粹的理科生，又念了四年的會計專業，我剛認識他就覺得他是個資料庫，喜歡把什麼都規畫好。他有邏輯、不善表達、不懂變通。

我是東北人，為了討好我，有一天他突然對我說：「好久沒看《鄉村愛情故事》（按：中國電視劇，講述東北農村青年和其丈夫的故事），突然想看了。」

我一臉驚訝和茫然的問：「你還看這個？」他說：「是啊！」

一個愛看日劇和動漫的人，跟我談鄉村愛情。我知道，他真的用心了。

當然，跟我在一起久了，他變得幽默；以前他也較真，但也能為了我忍讓、寬容；以前我話比較多，現在他反倒跟我搶著說。

浪漫固然好，妳卻希望他只對妳浪漫；體貼是可貴，妳卻希望他只對妳體貼。如此，就需要妳花時間和精力去引導和培養妳，用妳的溫度溫暖他，最後讓彼此都感到舒適和滿意。

6 如果幸福只給我一半

高中時，我們班有個男同學，胖乎乎、笨笨的，成績一直不好。他選擇和隔壁班的一個女生談戀愛，因為他覺得那個女生很聰明。高考以後，他勉強進了一所二本院校（按：中國大學分成一本、二本、三本。一本是第一批次錄取的本科大學，大多是重點大學；二本是第二批次錄取的本科大學，大多是一般大學），女生選擇重考，不久兩人就分手了。

他在大學認識了另一個女生。畢業後，他的家人在老家替他安排好工作，但他堅決不回去，努力的考公務員，最後進了當地法院工作。女友的工作也不錯，在當地鐵道系統上班。後來，兩家人合資買房給他們，之後他們舉辦了婚禮。

再次見到這個同學時，他瘦了，也帥了，言談舉止很得體。

有人說，這就是人生逆襲吧？我說，這恰恰是人生的奇妙之處。

相比之下，我一直覺得老天在和我開玩笑，給我帶來好運的同時，卻又打了一半折扣。比如，我選擇了一個喜歡的專業，卻沒考進最理想的大學；我擁有很好的宿舍環境，卻遇見一群奇葩室友；我得到一份好工作，卻遲遲沒遇到能修成正果的愛情。

但是，我依然熱愛我的大學，我依然不討厭那些室友，我依然在失望後期待美好的愛情。因為我知道，走到現在，依然有很長的路要走。

問問自己，怎樣的生活才算得上幸福？

對一些人來說，他們的快樂是去最好的城市安居，過著錦衣玉食的生活，和不同類型的人談戀愛卻不求結果；另一些人的幸福是無論在哪裡都波瀾不驚，享天倫之樂，得一人心，看透所有風景，生活細水長流。

這都是個人的選擇，沒有高低之分。你若說前者瀟灑，可是對於喜歡安逸的人來說，這樣的日子是迷茫且煎熬的，始終沒有一個依靠；對於事業心強的人而言，他們不甘心過平淡的日子，又沒能力改變現狀，只好自怨自艾。

所以，要想知道什麼是幸福，就先判斷自己是什麼樣的人，再問問自己想要什麼樣的人生。無論選擇哪種生活方式，只要自己願意，絕不後悔，那就是好生活。

你小時候想以後一定要飛得很遠，遠到再也不用聽父母的嘮叨，擺脫從吃穿住行都被安排好的日子。念大學那四年，你終於可以剪自己喜歡的髮型，買自己想穿的衣服，和自己喜歡的人談戀愛，想吃什麼就吃什麼，睡到多晚都沒人管。可是你慢慢發現，這樣的日子過久了會空虛，就像脫離了正常的軌道，缺乏安全感，太自由了反而不自在。於是，你開始想念家裡的飯，想念媽媽在耳邊的嘮叨，覺得那樣的生活才踏實、幸福。你再次渴望有個人來管你、呵護你。

你隻身在外，生活中所有的事都要靠自己。自己買早餐或匆忙做早飯，擠數個小時的公車或地鐵去上班，再擠數個小時的公車或地鐵回到冷清的家，連一口熱飯熱菜都沒有。好不容易逮著一個週末，理理髮、買兩件衣服、吃兩頓飯，一折騰就是一天，大部分的時間都耗費在了路上。

你發現身邊的兒時玩伴、閨密、同學不像上學那會兒嘰嘰喳喳的跟自己膩在一起玩，他們都在忙自己的事情。大家有空時才在社群平臺出聲、留訊息，偶爾開幾句玩笑，寒暄一下，大致知道彼此的近況，就算難得聚一次，也是酒比話多。

你越討厭這樣的生活，越想躲在安靜的角落深思：「這是你想要的人生？怎樣才算得上幸福？」

我認識一個女孩，她玩線上遊戲時認識一個男孩，玩著玩著就喜歡上對方。後來女孩來到了男孩在的城市。如今，兩個人已經得到彼此家庭的認可，正在裝修房子，年底就結婚。

我還有一個大學男同學，剛結婚。新娘是他的高中同學。他們念不同的大學，畢業後女孩回家，男孩在外漂泊，他們一直持續著異地戀。後來，女孩決定放棄家裡的穩定工作，跟著男孩一起漂泊。

她們都願意為了愛情、為了心愛的人做出取捨，放棄事業，選擇愛情；或是離開父母，選擇愛人。

幸福就是你有所失時，也有所得。

以前一直以為，人就這一輩子，前面的二十年沒辦法去選擇什麼，只有努力為未知的生活不停的奔跑。而大學畢業後，你可以選擇一座願意在那生活的城市，選擇你的職業、戀人，那麼，為什麼不選擇和最愛的人在最喜歡的城市一起生活？慢慢的，我才知道，哪能事事都如你所願，即便能實現一半，也已經是萬幸了。

那天男朋友和我說，他看見一對年輕夫婦在擺攤子賣東西。男朋友感嘆他們的人生停留在這個層面上實在可惜，青春就這麼浪費了。

夜市上一對小倆口在攤煎餅。買煎餅果子的人排著長隊，兩個人忙得不可開交。男的抽空替女人擦汗，女的抬頭回應一個幸福的微笑。我就這麼看愣神兒了。我說，沒有什麼比兩個人幸福的生活更重要，可能你看著是貧賤夫妻，但他們的內心是滿足的、快樂的，有些人雖然過著富裕的生活，彼此的心卻隔了很遠。

熊先生笑了，他說早就猜到我會這麼說。

是啊，我希望我們的生活是這樣的。我們有朝九晚五的工作，下班後一起買菜，一起學著做網路上介紹的食譜；酒足飯飽後一起出去散步，路上聊著這一天發生的趣事，順便逛逛超市買點水果和零食；回家後，一起窩在沙發裡看電視，一邊看一邊討論情節，或者他上網、我看書，最後一起躺在床上閒聊，聊著聊著也不知道誰先睡著了，或許是一起吧；週末一起健身、看父母、去電影院，或者約幾個朋友辦個家庭聚會，如果有長假，就去遠一點的地方旅行。

這些都是再平淡不過的日子，可是你會覺得這樣不幸福、不動人嗎？對我而言，這一切都取決於我找了一個什麼樣的人，我所有的夢想都要有一個人來陪我一起實現才完整。我們互相喜歡，互相懂得，溝通不費勁，一拍即合。

如果幸福只給我一半的話，我會選擇那個人，因為他，我的人生才會完整。我找對了人，便不會再害怕，不會再迷茫。

如果是你，你會怎麼選擇？

7／請允許別人不完美

熊先生外出時，手機經常沒電，兔子小姐（按：作者在這裡以第三人稱的角度寫下自己的經歷）為此三番五次的跟他鬧脾氣，急了還會吵架。他也很委屈，心想：「我又不是故意的，北京的交通現狀妳也知道，一出門就是一整天，閒時玩一下手機，電量就咻咻的往下掉，我也控制不了啊！」

可是他真的怕兔子小姐生氣。參加朋友婚禮時，他發現手機電量不足，趕緊到處找電源充電，甚至有幾次朋友聚會也因為手機沒電而提前離席。兔子小姐也曾因此難過，一方面不想他為難；另一方面又無法壓制動不動就聯繫不上熊先生時產生的怒火。

兔子小姐很聰慧，她能輕鬆的把生活打理得井井有條，絕對是居家過日子的小能手。而熊先生恰好相反，他不求精緻有趣的生活，簡約上進就好，所以，工作以外的事情，他總是記性差，而且笨手笨腳。比如剛答應要送兔子小姐回家，手機不小心設置成靜音模式，無法及時接聽兔子小姐打來的電話。兔子小姐很無奈，經常胡思亂想，如果自己真像他說的那麼重要，他怎麼會連一件小事也做不好？關心人這種事情，熊先生能做到兔子小姐的一半，她就知足啦！

很多女孩子跟兔子小姐一樣有著類似的苦惱，一個男人該如何對待自己的女朋友才算及格，才算優秀？

看到微信公眾平臺上有女孩留言給我，她說自己心情很失落，喜歡的人在她難過時從不安慰她，還拿她發的微信朋友圈資訊跟她較真，他心裡有她嗎？是不是該放棄他呢？

那麼問題來了，怎麼做才算得上女孩認為的關心呢？妳生病時，他除了說「多喝水」，能不能表現出擔憂、心疼？妳經痛時，他有沒有惋惜自己不是女人，不能體會到妳的疼痛？睡覺前，他有沒有堅持對妳說晚安？當妳需要他時，他能不能立刻放下手中的事情，第一時間給妳幫助？當妳受欺負，他能不能衝上來擋在妳面前，幫你撐起一片天？妳做家務時，他會不會主動幫妳分擔？他會不會記住妳的生日和各種節日，給妳製造浪漫和驚喜？他是否知道妳為什麼生氣，怎麼又生氣？他的微信朋友圈是否放過妳的照片？

如果以上統統做不到，是不是就證明這個男人不愛妳？假設一個男人不愛妳，他還會在意妳微信朋友圈發什麼嗎？還有什麼可較真呢？

妳送他一個李子，他就一定要還給妳一個桃子？如果他給妳一個蘋果、柳丁或奇異果，這統統都不算愛嗎？妳規定他一定要愛妳一輩子，那麼少一分少一秒都不算愛嗎？他吃醋，妳說他這是較真；他管妳，妳認為他是沒事找事、小心眼；他心血來潮逗妳開心，妳說他幼稚；他講冷笑話，妳翻白眼說好無聊。這真的好嗎？

一個女粉絲對我說，以前她會計較男朋友不主動跟她說「晚安」，但是現在即使他不說，她也會說下去。

我說：「恭喜妳，如果妳想堅持自己愛的方式，那就不要幫對方設計他該如何回應。」

熊先生偶爾也會忘記說晚安，但是第二天早上去廁所時，如果在手機上看到了有趣的東西，他會順手轉發給兔子小姐。

請允許別人不完美，不要用自己的優勢來要求對方也跟你一樣，請多發現對方的優點，說不定那正是對方獨一無二的魅力。

後來聽兔子小姐說，她慢慢的理解了熊先生，因為他只是在很多事情上無法兼顧而已。熊先生其實有很多優點，就算吵架時不是他的錯，他也會先低頭，無論多麼生氣，都能很快調節情緒，然後溫柔的說一句：「親愛的，別生氣了。」他很包容她、珍惜她。

當兔子小姐任性時，熊先生也沒有嫌棄她，而是笑她傻，並且霸道的說：「我讓著你一輩子。」

有些人的關心是說一堆笑話或肉麻的話，而有些人只會笨笨的等你發完脾氣後，伸手幫你擦掉眼淚，也許你喜歡前者，但請珍惜善待後者。

8／愛，是刀子嘴豆腐心

我從小就是一個循規蹈矩的好孩子，沒說過髒話、沒打過架，也沒離家出走，更沒和父母決裂過。做過的比較出格的事是六歲那年，老師在講課，我鑽在桌子底下把認真聽講的小朋友的鞋帶給解開了，最後被老師攆出去，一個人在操場上盪鞦韆，後來媽媽來了，陪我一起接受老師的批評。

還有就是在書包裡放色紙和剪刀，上課時偷做手工。我不知道那時的自己在想什麼，只是不理解為什麼要聽自己不感興趣的東西，所以小學時成績一直不好。

但我很驕傲，因為我會玩，還會照著小朋友的卷子給自己打分，結果回家拿給爸爸媽媽看，挨了一頓揍，因為我打的分數有點兒好笑：〇〇一。

再沒心沒肺的孩子也有懂事的一天，後來成績好了，語文成績拿年級第一，我寫的作文也被拿到別的班級當範文。學校參加徵文比賽，團支書（按：中國共產主義青年團支部委員會書記的簡稱，團支部是共青團組織系統中的最基層單位）還會過來求我幫忙。

有好幾次，校長拿著刊登了我文章的報紙跟我媽媽誇我，可媽媽從來不覺得我比別的孩子優秀，至少在她嘴裡，我還是那個不懂事、淘氣的小屁孩。

大學期間，我幾乎每天晚上都給家裡打電話，這已經成了一種習慣。開始工作後，有一陣子特別忙，大概有三五天沒打回去，而且好幾次沒及時回覆媽媽的短信。媽媽打電話時嗔怒道：「妳還是我女兒嗎？不要妳了，都不理我。」

可是不知道從什麼時候起，我非常怕回家待著，因為總會有一些生活上的矛盾。我睡晚了、睡多了，不出門或不回家都是事。處在更年期的媽媽不停的嘮叨我，**兩代人不同的作息習慣，聽多了會煩，待久了想逃，可逃遠了又想她。**

每次受不了這種碎碎念，我就關門做自己的事情。等到要吃飯了，我習慣性的坐在父母中間，故意把腿往媽媽身上一搭，偶爾她會掙扎一下，我跟沒事人似的沒話找話。原本還靠爸爸兩三句來調節氣氛，然後又把他晾一邊，我和媽媽開始說個沒完。不過，偶爾也會把這股子氣憋到第二天。

第二天，媽媽一早去上班，鍋裡有給我熬好的雞湯，中午她會回來做我愛吃的豆角（按：食用豆莢的豆科蔬菜的通稱）。她還會習慣性的掛起我丟在沙發上的衣服，順手撿起我的襪子一起洗了，嘴上說我在家招人煩，但總會在我回家前幾天就思考準備什麼給我；嘴上說不愛搭理我，但每次我坐在沙發上，她都會按住我，讓我多陪她看會兒電視，任憑我的腳丫放在她的腿上亂擺動。

她從來不讚美我，但是我知道，在她心裡我的地位無人能比，我知道她對我的愛，我知道，我都知道。

我認識一對戀人，女孩跟我講，每次跟男朋友吵架後都會後悔，但自己從來不說，不是後悔吵架傷感情，而是想起他每次因為吵架吃不下、睡不著，工作也耽誤了就難過。以她的個性，心裡藏不住事，不高興、委屈了，就會立刻表現出來，他一問，她就忍不住發脾氣，而他只能不停的解釋，加上他嘴笨，方法不得當，往往費了一番周折才能哄好她。和好如初後，要麼過了吃飯時間，兩個人都沒吃飯；要麼就是深夜，兩個人嚴重睡眠不足，第二天又不得不頂著熊貓眼去上班。

所以，每次吵架過後，無論說了多少氣話，甚至前一秒剛說要分手，下一秒她又於心不忍，催他趕緊訂餐，生怕他少吃一頓飯，而她往往在這個過程中也沒吃飯，只顧著哄他吃飯。這邊她眼淚還沒乾，絲毫沒睏意；那邊又勸他趕緊睡覺，別耽誤上班。有時還有好多話沒說完，就忍到下班再說，怕耽誤他工作。

有一次，她剛發作完，就催他趕緊吃完飯快點工作。而她呢，躺在床上開始自責，怎麼剛才也不看時間，竟挑他上班時間鬧情緒，還耽誤他吃飯……一堆的自我埋怨。

而他也跟小孩似的，什麼事都聽她的，說訂餐就訂餐，講什麼時候吃飯就什麼時候吃飯，說想吃水果就立刻去買。他總說她是最溫柔的，因為他知道，她做什麼都是為了他好，只是有時候脾氣有點臭，方法過激了，但這絲毫不影響他愛她。

上次回家，我和媽媽面對面站著，給了她一個熊抱。她在我腦袋上比畫了一下說：「現在不行了，妳小時候正好到我這兒，我也是這樣看著妳，妳仰著小臉兒，我餵妳吃東西，妳什麼都不問，只管放心的吃下去。妳小時候不愛吃牛肉，但是我做了牛肉蘿蔔包子，騙妳說是豬肉餡，妳吃著挺香，吃完我告訴你是牛肉餡，妳一邊做嘔吐狀，一邊埋怨我說再也不吃了。但是下次妳依然不聞不問，給妳什麼就吃什麼，跟妳說什麼就信什麼。」

媽媽說，這就是信任。

是啊，信任就是不管你說的是對是錯，不管你說的是真是假，我都毫不懷疑，因為我知道，你做的一切都是為了我好，絕不會傷害我。

有一種愛，不是一直哄著你，最後突然惡語相向，也不是天天跟你信誓旦旦、山盟海誓，最後突然背叛你，而是不管自己多生氣，還是會關心你，願意習慣性的轉過身擁抱你，即便說了你不想聽的，也不會真的不要你、離開你，即便真的生氣、真的傷心，等心情平復後，也會擦掉眼淚陪著你。

9／你沒有不好，不用活在別人的說法裡

你要知道，在這個世界上，若想活得與眾不同，就可能遭受非議，承受很多白眼，甚至被大多數人排斥。

我媽催我找對象，她說：「快三十歲得抓緊了，不能再這麼挑了，別指望找各方面條件都好的，哪有那麼完美？差不多就行了。」並給我下了死命令，一年內必須嫁出去。

我問：「就算今年談戀愛，這麼短的時間就談婚論嫁，彼此間能了解透澈嗎？萬一合不來，離婚怎麼辦？」

她說：「一個女孩到了一定年紀不嫁人，誰看著都彆扭。在外人眼裡，這樣的

都不算正常人，都會在背後議論『她啊，是一個老女孩。』但是如果結了婚，就算是離婚，大家也覺得很正常，不會覺得怎麼樣。」

我又問：「難道我一定要為別人而活嗎？我一定要將就嗎？我幸福不幸福跟不相關的外人有什麼關係？」

事實上，你的背後始終有一股力量，如果你不按照他們的準則行事，就是搞特殊、三觀不正，而且是非正常人類。

這些人裡，有的是自己過得不幸福，卻喜歡在背後議論別人；有的是自己一無是處，卻樂此不疲的說別人這也不好，那也不好。他們大概是想找一個看上去更不幸的人來襯托自己，假裝自己過得很好，或者故意貶低一個光鮮亮麗的人，從而體現出自己跟對方也差不了太多，然後寬慰自己說：「其實我過得還行。」

室友比我小兩歲，她家人也開始催她趕緊結婚，以致她不敢回家，甚至害怕打電話回家。她說：「逼急了，我就再也不回家，我們租一個大房子，該吃就吃，該玩就玩，好好享受生活，他們愛怎麼說就怎麼說好了，反正我不聽。」

我認識的一個姐姐，因為家裡逼婚，她就隨便找了一個人閃婚。她說，當初就是一心想嫁人，嫁誰都行，就算嫁了再離也行，這樣家裡就不會再逼她了。她還說，大學剛畢業時想緩一緩，好好談一場戀愛，可是在長輩看來，二十六、七歲就算大齡青年了，還沒等遇到喜歡的人，就只能投降，過上世俗人眼裡按部就班的生活。結果就是，她至今都不知道愛情是什麼樣子、愛是什麼滋味，後悔上大學時只顧著學習，沒有好好談一場戀愛。

我說，我不想屈服，不想因為背後的那些聲音而改變自己的初衷。

我認識一個很有品位的已婚男士，他在朋友圈裡分享自己家的裝修圖，我開玩笑說：「還好臥室的床頭沒有掛結婚照，你註定是一個不平凡的人。」

他大笑：「我確實因為沒掛結婚照，被人問是不是跟妻子感情不和。我心想，這都什麼跟什麼啊，有必然關聯嗎？」

世俗觀念就是長在骨子裡約定俗成的東西。比如人們常說的，什麼年紀就該有什麼狀態。

像是，三十歲之前一定要結婚，不然你可能孤獨終老。婚得後馬上生孩子，不然就會被人懷疑你們有生育障礙，又是幫你們預約醫生，又是提供補品清單。有了孩子後，就得犧牲自己的愛好，把一切精力都放在孩子身上。母親意味著要重新做人，把以前的自己丟掉，做起全職太太，跟外界斷了聯繫。父親要全身心投入工作中，哪怕偷懶，去戶外運動都是錯，會被人說：「都當爸了，還這麼自在啊！」

無奈的是，**很多人打著「為你好」的名義來傷害你**。他們設計了一條自認為安全的路線，讓你照著走。可悲的是，這條路線未必適合所有人，對一些人來說，這條路線也許是歧途。

那天聊起娛樂圈，朋友氣憤的說，她非常不喜歡某女藝人，因為這個女一人離婚好幾次，快更年期了，還在談戀愛、結婚。

我說：「一個女人希望自己一生都有人愛，不論什麼年紀都還能享受愛情的滋味，並勇敢的追求幸福，這不令人羨慕嗎？」

朋友說：「這是缺乏責任心，這是生活混亂。」

我問：「難道那個藝人孤獨終老，才算是一個好女人嗎？」

我還看到好多人在網路上罵一位女藝人：「年紀大就要擺正自己的位置，妳是單身母親，不是小女孩，好好照顧孩子才是妳該做的事，別整天想著交男朋友。」

是不是在傳統觀念裡，單身母親沒資格繼續尋找愛情？經歷了一次失敗的婚姻，就應該對婚姻絕望嗎？

怎麼才叫過好這一生？我覺得應該是符合自己喜歡的方式，且遵循自己的意願。別人說什麼，聽聽就好。只要自己沒有違背道德，沒有觸犯法律，什麼事都可以自己拿主意。

我把我做的電臺節目分享到微信朋友圈，一位同事問：「怎麼跟妳平時說話的狀態不太一樣？妳應該從幕後轉到臺前啊！」我說：「如果我平時也用這種語氣講話，你們會習慣嗎？不會罵我咬文嚼字？」他說：「也是，感覺滿彆扭的。」

我做電臺節目用「播音腔」是因為專業需要，這是對聽眾的尊重。我在日常生活中肯定不會這樣說話，這是習慣使然。但無論我用哪種方式說話，都是出於本心，而不是被別人強迫的。

這讓我想到林志玲，自從看了她參加的真人秀節目，我就改變了對她的看法，她真的是一個智商跟情商極高的女人。

那天看她的勵志演講，她說自己那種嗲嗲聲一直飽受爭議，她曾試圖改變。可是有一天，別人因為她的聲音認出了她，她才覺得自己的聲音是有辨識度的，這已經成為她的標誌，也是讓她今天能站在這裡的原因。

幹嘛非要活在別人的標準裡呢？誰規定四十多歲的女人就不能嗲聲嗲氣，一定要是聽上去很沉穩的大媽音？假如你身上長著與眾不同的紋路，非得硬生生的刮掉它，改變原本的自己嗎？你讓別人滿意了、平息了眾議，自己真的就因此幸福嗎？這就是你想要的嗎？

我很佩服那些堅持自我的人。沒有哪一條路是標準答案，但是我們都有通往幸福的權利，而且選擇權在自己手裡，只是這條路可能很艱辛，在沒有看到光明之前，我們都需要堅持。如果你也想走一條屬於自己的路，想變得與眾不同，那你準備好奮戰到底了嗎？

第三章

你的選擇，無須別人干涉

1／沒關係，因為你是好人呀

米粒剛工作時，上司想給她介紹一個男朋友，並以過來人的口吻語重心長的對她說：「雖然他的年紀比你大了些，個子矮了點，家境就那樣吧，但是貴在人老實，這年頭找伴侶，人好才是真的好。」

一旁的已婚女同事連忙點頭附和：「對對對！過日子就得找可靠的，只要人好就夠了，這樣便沒那麼多糟心事，等你結婚後就明白了。」

米粒若有所思的笑了笑，沒再說話。她心想：「找一個好人嫁了，真的就可以萬事大吉，沒什麼煩心事了嗎？」

這個男生剛過三十就被蓋棺論定為好人，這算德藝雙馨（按：指一個人的德行和技藝都有良好聲譽）嗎？雖然與他接觸不多，但在米粒看來，他們所謂的好，就是理所當然的把自己不愛做的事推給他，他總是面帶微笑，點頭回應「嗯嗯嗯、好好好」。一有苦差的時候，上司第一時間想到他，但有好事時候根本輪不到他，他卻始終不急不惱、不爭不搶。

當然，這樣的人在生活中特別適合做朋友，工作上也會是一個很好的搭檔。他為人善良、禮讓、實在、勤快、好說話，吃得了苦，受得了罪，任勞任怨，幾乎達到了所有「好人」該有的指標。跟他相處，你不需要太謹慎，不必阿諛奉承，更不必擔心他當面一套、背面一套，跟你鉤心鬥角、玩花招。

然而，往往就是這種口口相傳的好人，才很難讓家人從他那裡獲得更多的方便。因為他們凡事不與人爭搶，為了面子先人後己，不好意思拒絕，最後成全別人、委屈自己。

一直以來，我們接受的傳統教育就是踏踏實實、任勞任怨的做一個老好人，一定要懂得忍耐，要夾著尾巴做人。可是，愛面子、不好意思爭搶的結果，往往就是你做的事比別人多，得到的好處卻比別人少；你本本分分，好事卻總是攤到別人的頭上。

你想過原因嗎?還不是因為你是大家眼裡的好人,所以就算得罪你、坑你、欺負你也沒關係。

常言道,寧可得罪君子,也不得罪小人。和好人在一起不用顧慮他的感受,因為他絕對不會記仇,更不會報復,這樣一個無害的人,不需要小心翼翼的去跟他維護關係。

前陣子米粒的公司開展了一項工作,幾乎全程都是由她來完成。任務量很大,耗時幾個月,她起早貪黑、忙裡忙外,獎金卻拿得最少,而這並不是因為米粒人緣差,相反,因為負責這項工作的上司平時跟她關係很好。

米粒的另一位同事也跟這位上司關係不錯,有一年發年終獎金,這位上司弄丟了一份,又不敢得罪那個人,於是找到這位同事說:「能不能把你這份獎金給那個人,這東西不值錢,不要也沒關係。」米粒的同事也意會了,雖然答應了,但是心裡疙瘩很久。

還有一次,原本上司準備給這位同事一個「優秀員工」名額,但另外一個同事不滿，仗著資歷老，大鬧上司辦公室。上司沒轍了，只好找這位同事說：「把你的名額讓出來吧，你還年輕，以後多的是機會。」言外之意，你看那個人這麼難搞，我們關係又這麼好，你忍忍吧，別讓我為難了。

她無奈之下只好點頭同意，事後跟米粒抱怨，這種事要是換了別人，但凡有一點不公平早就抗議了，也就是她好說話。

小時候你乖巧，會有人摸摸你的頭誇幾句。可是，在我們成長的過程中，你會慢慢發現，有的時候，你尊重、認同對方，謙讓和寬容的結果並不能讓對方滿意和感恩。**你的容忍反而會變成有些人厚顏無恥的資本**，對方甚至還會變本加厲的欺負你，當你是傻瓜，認為你軟弱無能，不會反抗。

我有一個大學同學，她向來我行我素，不與人為敵，也不與人走得太親近，遇到麻煩事經常忍氣吞聲，抱著多一事不如少一事的心態，不去計較。人長得也好看，很有異性緣，導致班級裡很多女生不喜歡也嫉妒她。

後來調換宿舍，我跟她成了室友。剛搬進新宿舍，另外兩個室友意圖拉攏我一起排擠她。考試前一週，大家都在宿舍複習，她這人閒不住，在宿舍來回走動。我看得出來她怕打擾大家，躡手躡腳的，手機也調成了振動模式，可另外兩個室友仍沒事找事的指桑罵槐，想逼她更換宿舍。

表面和諧的氛圍最終還是被打破了。當天晚上，其中一個室友拉我到走廊商量對策，當然，我拒絕了，因為我並沒覺得這個女孩討厭。相反，這段時間相處下來，我發現她單純、開朗，沒什麼心機。即便生活習慣不同，也沒必要欺負人。我不想參與這種無聊的鉤心鬥角，於是搖搖頭，兩手一攤，轉身回宿舍了。

再後來，宿舍成員因為我的不配合徹底分裂了，從此我跟這個女孩成了好朋友，也沒人再想趕她走了。

我還認識一個人，別人口中的他心眼兒小、記仇、愛計較，千萬不能得罪。事實上，我與他接觸並未感覺到不講理，也不像別人說的那樣喜歡沒事找事，他只是善於維護自己的權益，不是他的他不搶，該是他的一點兒也不能少。正因為這樣一種性格，與他共事的人都很小心，不敢無故得罪他，也不敢輕易怠慢他，反而添了一份謹慎與認真，生怕搞得雙方都不愉快。

我們總是礙於面子，覺得一些事情無傷大雅，就得過且過。長輩也經常教導我們：要安分守己、與人為善、行事低調。這些都沒錯，可中國知名律師郝勁松說：「今天你失去獲得它的權利，你不抗爭，明天你會失去更多的權利，人身權、財產權……這種狀況不是偶然造成的，而是長期溫水煮青蛙的結果。大家會覺得農民的土地被侵占了與我何關？商店不開發票，偷稅漏稅跟我有什麼關係？別人的房屋被違法拆遷也不關我的事，有一天，這些事情都會落在你的身上。」人人都知道殺雞儆猴的道理，而我只是討厭屈服。

身處這個紛繁的世界裡，不是你不想惹事，麻煩就會自動遠離你，不是你想做一個好人，就能現世安穩、歲月靜好。

節目主持人汪涵在一次直播說：「我沒事不惹事，但是事情來了也不怕事。」我想，所謂的好人不只是指品行好，還一定是做事有態度的人。你要有底線，要保持禮貌和善意，要讓對方知道你也有脾氣，會生氣和反擊。有些事你不是不在意，該是你的一定要爭取，而不是吃了啞巴虧還獨自忍受。

2／成人的世界裡沒有犧牲，只有選擇

妳有時會抱怨，為什麼他那麼偏激、偏執？可若不是這樣一個特別的他，怎麼會如此瘋狂的愛妳？

你有時會苦惱，為什麼她總是那麼敏感？但你要知道，她還有體貼、溫柔的一面。你喜歡對方某個優點的同時，也應該一併接受對方的缺點，因為這個世界裡，並沒有絕對的完美。

世俗要求我們一定要有高學歷，才能找到好工作、躋身精英；要求我們一定要跨越階層，才不會被人歧視；一定要在三十歲之前成家立業，並且婚後幾年內要生孩子……一定不要落在別人後面。

父母口中總是有一個處處都比我們強的「別人家的孩子」，所以很多人變得急功近利，無論是為了討好父母，還是滿足世俗的眼光，這一路就被催著往前趕，連回頭的機會都沒有，一旦落後了就會恐慌，還有一種罪惡感。

於是，這一路上我們遇到了一些人，喜歡就追求，追不上就算了，大不了失落幾天，然後滿心期待的追下一個人；就算兩情相悅，如果在相處的過程中發現對方的缺點，還是放棄了，大不了難過幾天，再馬不停蹄的尋找新目標。

找來找去，換來換去，年紀越來越大，選擇面越來越窄，曾經認為絕對不能接受的人，慢慢的也可以說服自己：不求完美，也不求有多喜歡，甚至沒有愛情的婚姻也沒關係，能過日子就行；不求一個隨時有話說的人，能正常交流就行；不求門當戶對，對自己好就行。

我有一個高中女同學，當時她的學習成績不怎麼好，後來勉強混到大學畢業。她長相一般，是典型的女漢子，沒有顯赫的家世，也沒有什麼體面的工作，但在相親時認識了一個男生，兩人一見傾心，繼而閃婚，現在成了一對恩愛的小夫妻。

我見過很多這樣普普通通的夫妻，大多性情很好，對物質跟精神要求都不高，沒什麼夢想和追求，也不願過多的奮鬥和付出，聽多麼冷的笑話都笑得出來。這樣的兩個人，不管過什麼樣的日子都知足。

還有一些人，他們各方面都很優秀，而且知道自己想要什麼、不喜歡什麼，愛憎都太明顯。

有人說，別指望太優秀的人會有什麼好脾氣。的確，彼此都是極具個性和思想的人，與之相處摩擦會更多一些，講話稍有不慎便會爭吵不休。當你做好心理準備找一個同樣優秀的人時，你就需要有更多的耐心和寬容。

柏拉圖在他的《對話錄》中，講過一個關於愛情與婚姻關係的故事。大意是，當你行走在一座森林中，不斷尋找適合的松樹時，你會對比，當然你心中也有一個標準，但是這個標準會因為規則——在尋找的過程中不能回頭——而調整。年輕時的我們往往不懂得慎重，不懂自己想要的愛也需要培養，需要彼此付出很多時間和精力去呵護，在這個過程中還要放下自己的個性、驕傲，去理解和包容對方，並適度妥協。

然而，事實往往是，我們一再要求對方為自己改變，變得可以跟自己更和諧的相處，卻忘記了「己所不欲，勿施於人」。

熊先生認識兔子小姐之前是一個很自我的人，他好惡分明，生活習慣根深柢固，但當他遇到兔子小姐後，做事前不再只考慮自己，而是把她放在第一位。

他是個不能熬夜的人，典型的「十點睡」先生，但他有多少次睏到站起來掐自己大腿；四包即溶咖啡泡在一起喝，堅持陪著她，非要等她睏了才肯睡；無論是加班還是應酬，他都會告訴兔子小姐晚上回家的路上一定要打電話給他，因為他知道她怕黑，擔心她一個人不敢上樓。若在外手機突然沒電了，他就算向路人借手機，也要打電話告訴她自己在哪裡，讓她別擔心；如果他感覺她不開心，無論多晚都會耐心的把她哄好，然後溫柔的說：「我不想讓妳帶著壞情緒入睡。」即使不是他的錯，他也願意承擔責任，主動道歉；他笨笨的，不太會買東西，但還是經常買些小禮物哄她開心。雖然他粗心大意並不在乎什麼紀念日，但仍會提前問兔子小姐：「我們怎麼過呀？」

熊先生的愛很執著，就像有一次買簽名書給兔子小姐，一開始找錯了地方，等到了現場其簽售已經結束，可他再三懇求，終於要到了作者的最後一個簽名，因為他知道，她特別想要這個簽名。他對待兔子小姐的愛也是如此，只要是他認準的人，就算有缺點也是白璧微瑕，他堅信，只要是他深愛的人，一定會在磨合中不斷成長，會變得越來越好，這就是他理解的完美。這種完美不是一種狀態，而是一個過程、一個趨勢。他用別人不斷尋找和放棄的時間，耐心培養一段美好的感情，他認為這一切都是值得的。

如果說花心是本性，那麼專一就是選擇；如果人人都有劣根性，那麼願意改變自己去適應對方，就是選擇。成人的世界裡沒有犧牲，只有選擇。我們可以選擇專一、接納對方的缺點、讓自己性情穩定、取悅對方，更選擇不做對方討厭的事情。

3／一個不知道自己想要什麼的人，算不上北漂

由於電視劇《北京女子圖鑑》（按：改編自日劇《東京女子圖鑑》）這部正熱，北漂（按：指從中國其他地區到北京謀生，不能享有任何北京市民的福利，且沒有穩定工作和固定住所的人）一詞又流行起來，流行到我一度認為這個詞有點俗，根本無法與夢想相匹配。

我認為只有像主持人柴靜這樣的人，因為熱愛新聞事業，在已經小有名氣時仍選擇去北京，一邊學習一邊從頭來過，為了情懷而努力，才算是北漂。

漂，是一種姿態。在還沒有生根之前，俯瞰這座城市的邊邊角角，像一個會發光的夜行者，努力尋找與自己發同一種光的地方，找到了便可降落。

這需要勇氣去嘗試，而不是像沒頭蒼蠅一樣到處亂飛亂撞。

我有幾個關係很好的大學同學，畢業後紛紛去了北京。她們想闖出一番事業，不想在一座小城裡找一份差不多的工作，嫁一個差不多的男人，過著差不多的人生。畢竟，只有跨過山和大海，穿越過人山人海，擁有過一切，才甘願走平凡之路。熱血青年對什麼都好奇，誰沒有一顆不安分且躁動的心呢？

很多女孩跟《北京女子圖鑑》女主角陳可的初衷差不多，害怕每天準時上下班，三十歲之前忙於相親，身邊年齡相仿的男生都被介紹遍了，甚至還有重複介紹的；三十歲之後把時間和精力都放在孩子身上、持家、掂量微薄的薪水，按幾下計算機就能算出退休前的工資，年復一年，一轉眼就老了。

因為不甘心這麼平淡下去，想掂量自己究竟有幾斤幾兩，於是，有的人大學剛畢業就義無反顧的漂向遠方，有的人則狠心丟掉鐵飯碗，出去闖蕩。

後者的決心和目的性更強，深知自己想要什麼，不想要什麼，努力的方向是什麼，並做好初步規畫，而不是走一步看一步。正因如此，才敢斬斷後路，一往無前，其成功率自然也是最高的。

很顯然，陳可是因為有一顆不甘平凡的心，才毅然決然去北京。男朋友因家中變故不能去北京而與她分手，她隻身一人來到北京，無依無靠，遭遇很多不公平的待遇以及突發事件，哭得很委屈、很無助，也曾因孤獨而失眠，因挫敗而絕望。一次，她得了重感冒，在醫院打點滴，想上廁所卻脫不了褲子，哭著請旁邊的阿姨幫忙。屬於女漢子類型的人看到這個橋段，也許會覺得她太矯情了。

我想，如果單單是求助於人，可能不至於哭，可如果你的閨密們都找到了幸福，有依有靠，只剩自己在外打拚，還被房東趕出來，帶病搬家，所有負面的情緒就會集中爆發，結果無限放大委屈與無助，直至崩潰。

我能理解那種無助，只有經歷過才會感同身受。我工作第二年，跟房東合住，房東是一個七十多歲的老奶奶。在一個冬夜裡，我下班回家，家裡沒人，一片漆黑。起初只是怕黑，但當我看到客廳裡擺放著一張陌生人的遺照時，徹底崩潰了。

房東年紀大了，很少用手機，我聯繫不上，而且那天我沒帶錢包回來，又不好意思大晚上打擾別人。

剛巧一個朋友給我發微信，她知道了我的處境後，立馬打電話安慰我，穩定我的情緒。當我冷靜之後，想起房子是同事介紹的，同事的同學是房東的女兒。於是，我找到了同事，同事聯繫她同學，同學又找到房東。最後得知，房東提早知道家裡停電，才去兒子家住。

她女兒知道我一個人害怕，帶著孩子趕過來陪我住了一晚。

這樣的經歷，就像一個路痴突然面對無數個岔路口，四周無人，會焦慮、迷茫、害怕，甚至開始懷疑人生：當初為什麼要選擇這樣的生活？這時，需要一些勵志的話給自己打氣，比如：「不要因為走得太遠，而忘記當初自己為什麼出發。」

可能漂泊在一線城市的人會說：「當然是因為夢想！」

那我就要坐在導師席上問一句：「你的夢想是什麼？」

比如陳可，她的夢想不是進入某個行業，不是坐上某個位置，而是想在北京站穩腳跟，過上更好的生活。

然而，她並不知道究竟什麼是更好的生活。於是，她開始效仿別人，別人有的她也想有，以為那就是真的喜歡。她丟掉原本的品位，奢侈品成為她的審美標準，別人買了 LV 包包，她刷爆信用卡也要買。身邊的姐妹們都結婚了，她也開始急著嫁人，深夜寂寞難耐時，會在微信朋友圈發徵婚廣告，順便備註一句：條件相當的話，接受閃婚。

其實，真正的滿足不是你有的我也要有。你有自己的偏愛，有自己的執著，這是個性，**盲目跟風只會讓欲望變成無底洞**，永遠填不滿。

她在一個接一個錯誤的相親目標中，體會什麼叫不合適，於是不再幻想看似很美好的糖衣炮彈。然而，她依舊迷茫自己究竟想要什麼，迷茫使她無助，所以一錯再錯。

得不到幸福的根本原因，是你連自己想要什麼都搞不清楚。一個個錯誤的方向，一次次為錯誤買單，直到再回頭，不該錯過的都已經錯過了。

她不知道自己渴望什麼樣的婚姻，她一段段失敗的感情就像連環畫，裡面有形形色色的男人，換男人比換工作還勤，一年一個類型不重複。在駕駛人訓練班偶遇老同學，領了駕駛證馬上領結婚證，一言不合又說離就離；還沒搞清楚對方是什麼樣的人，自己愛不愛，就急於投懷送抱，相處之後才發現彼此不合適。

失敗的戀愛史證明那些男人都是渣男嗎？不，跟她口口聲聲說不想結婚的人，轉眼間跟別的女人閃婚。想和她結婚的奮鬥青年，她又嫌棄對方小市民，沒出息。

在這部劇裡，我看不到熱血青年尋找夢想的情景。陳可所謂的奮鬥，除了陪客戶喝得醉醺醺，幾乎體現不出她的工作能力，事業心也僅僅表現在「我好忙」的口號中。

一個從頭到尾不知道自己想要什麼的人，始終在深一腳淺一腳（按：指慌不擇路、急迫的樣子）的嘗試，別人考研究所，你也考研究所；別人考公務員你也跟著考，沒考上沒關係，繼續跟著別人去一線城市追求人生的種種可能性。這種半推半就的人生，與城市大小無關，最多就是換了一個陌生的環境而已。**沒有靈魂的前行**，不配叫漂，**最多算是隨波逐流**。

4

你的容忍，只是別人變本加厲的資本

小秦因為工作應酬，難免要跟客戶喝酒，只是他有胃病，偶爾喝多了，胃難受，第二天就得請假休息。他的同事起初只是半開玩笑：「你總這樣喝不行呀，身體都喝垮了。我上班看不到你的人影，就猜你八成又是喝頹了。」

小秦只笑笑，不說話。

後來，這位同事時常在上司和其他同事面前說小秦因為喝酒耽誤工作，三天兩頭請假不來上班。直到有一天上司找小秦談話，委婉的說，不要因為特殊情況影響正常工作，儘量避免此類情況發生，如果被人抓住把柄就不好了。

小秦二話不說，直接去人事部把考勤表拿過來，往上司的桌子上一拍，上司一目了然，其實並非傳言的那樣。

有個不明真相的同事也跟著湊熱鬧，時不時拿這事調侃小秦。小秦當眾反擊說：「要獨立思考，不要人云亦云，你們可以去人事部看看，我其實沒請過幾天假，我的工作時長反而要比大部人都多。」然後趁機教育那位附和的同事。

這位同事犯了一個低級錯誤，道聽塗說後以訛傳訛，反而惹火燒身。為人處世，一定要用大腦過濾聽到、看到的資訊，切忌被人當槍使。

小秦說，他不擅長玩職場攻心計，最怕遇見軟刀子的人，明面上跟你稱兄道弟、笑臉相迎，一副很關心你的樣子，背地裡卻造謠生事，拆你的臺。對待這樣的人，他的態度通常是先忍讓，若是對方還不知收斂，就發起反擊，死磕到底。

我說：「那你有沒有想過，你的初次容忍其實已經成了對方變本加厲的資本？人都有防備心，一開始摸不清你的脾氣和底線時，往往會試探你，就像你的那位同事一樣，利用半開玩笑的方式對你展開攻擊，當看到你並沒有因此憤怒、反擊，他便覺得自己很安全，於是慢慢放開膽子，得寸進尺，對你展開更猛烈的攻擊。」

在人際交往中，每個人心裡都有一個度量衡，以此了解對方的脾氣、秉性、喜惡，從而支配自己的言談舉止，該保持什麼樣的距離、該用什麼樣的方式相處，都心裡有數。在完全陌生的人際交往中，我們亟待了解對方的性情。當有求於人時，第一個想到的是誰比較好說話、好相處。這不僅是策略，還是人心。

我認識一個人，人緣不差，為人正直，但是非常較真，眼裡不揉沙子（按：不受矇蔽），翻臉比翻書還快，誰要是惹怒他，他絕不會給對方留面子，典型的以其人之道還治其人之身。然而，一旦摸清了他的好惡，反而覺得與他相處不難。

當你面對一個危險的對手，想接觸他時就會猶豫，甚至會發怵，每個人都會權衡利弊得失，而你的態度是他考量的重要標準。所以，要想讓別人了解你、知道你的真實想法，你必須用正確的方式打開屬於自己的那一頁。

我有一個習慣，時常把自己的好惡以及對一件事情的看法寫出來，發在微信朋友圈裡，讓身邊的人看到。如此一來，不用那麼多磕磕絆絆，他們自然會對我有一定的認知，避免了很多麻煩。

我對小秦說：「你一開始就應該表明你的觀點和立場，下一次他就不敢毫無顧忌的對待你了。」

如果我是小秦，當同事一開始用玩笑來試探我時，我就會找他的弱點和突破口，用同樣的玩笑方式反擊回去，這樣既能避免尷尬，又能讓他知道我並不好惹。他能馬上明白我的意思：**做軟柿子，只是想讓你嘗一口，並不是給你隨便捏的。**

5／情商低的人到底有多討厭

我們讀書多年，一直羨慕那些聰明的同學，成績好的人自然光芒萬丈，成績差的學生，只能坐在被人遺忘的角落，老師的眼神也總是在前幾名的好學生身上流轉。我們原以為考好數理化，就能暢通無阻的走遍全天下，以為考試勝利就是萬萬歲，以為從好大學畢業後就前途光明，但我們始料未及的是，步入社會後，必須處理大量的人際關係：上司、同事、朋友、戀人等，靠的不再是智商，而是情商。

有人上大學之後才發現，即使每個學期都能拿獎學金，也可能被室友排斥，在社團裡鬱鬱不得志，找不到對象或總被分手，動不動就得罪人。也許你不明白，到底哪裡出錯了。因為室友都是怪人，只有你一個人正常？因為社團成員沒有眼光，看不見你的才華？還是因為你總遇人不淑？

當一系列的問題統統擺在你面前時，若總是把責任推給別人，你大可以自欺欺人的釋懷放下，但永遠得不到成長。你固執的認為自己永遠是對的，而不去反省、改變，遠離你的人只會越來越多，你遇到的所謂不公待遇也會越來越多。

你會不會常因為自己性格直爽、有話直說而得罪人？小時候我們稱其為童言無忌，可如今我們長大了，即使面對至親，開口也要慎重。也許你不理解，為什麼那些常常說客套話的人，反而更適應這個世界？難道這就是成人世界裡的規則嗎？

每個人個性中都有殘缺的部分，而有些人懂得克制。**克制**本身就是一種愛，讓你能保護身邊人，也能自保。不用自己的言行傷人，也不會因此被誤解，還**能幫你抵擋很多來自這個世界的惡意**。你會慢慢發現，當我們走出學校、步入社會，追根究柢，一切不過是人情的往來。

然而有些人卻把自己的缺點當優點來宣揚，比如一個演員常常在真人秀節目裡與人發生爭執，處處挑刺找麻煩，說話不考慮別人的感受，還理直氣壯的說：「這叫真性情，就是我的性格，我沒有惡意，也絕不會改變。」也有觀眾附和：「對呀，他說的都是實話。」的確是實話，如果你相貌平平，他直接對你說：「你長得可真醜。」這也是實話，你還會感到開心，認為他沒有惡意嗎？

我很怕這種所謂心直口快的人，他們說話做事往往不考慮對方的感受，讓人無法應對。真性情是好事，真實不做作，不當面一套背後一套，與這樣的人在一起不用刻意防備，會很放鬆，也值得交往。但真性情的前提是，不能因此傷害別人，需要知道合理的表達方式，做到最起碼的尊重。

大學期間，我發現有些同學雖然成績不夠出眾，但是能輾轉在各個社團之間，身邊的朋友越來越多，跟老師的關係處得像哥們兒，不管參加什麼競選，得票率都很高。難道這只是人格魅力嗎？

開始工作後，我發現身邊有的人人品很好，但常常得罪人，而有的人不費吹灰之力就能搞好人際關係，大家都誇他是個好人、熱心腸、辦事能力強。但事實上，很多時候後者只是借助已有的關係，用朋友幫朋友而已，最後達到雙贏。於是我明白了，與人相處，給人的印象應是懂禮貌、有人情味、不咄咄逼人也不顯得刻薄，讓你覺得這個人很和氣，而他也不因此感到疲憊，這就是高情商。

生活中，總有一些情商低的人讓你苦惱不堪。

我大學時發生過一件事：有一次，我想泡一杯咖啡，便燒一壺水。水剛燒開，室友就拿著杯子走過來，我把水壺先遞給她，心想反正我只泡咖啡，兩個人足夠喝了。結果輪到我時，竟然只剩下半杯水，我看著半杯泡不開的咖啡，又看看她裝滿水的特大號杯子，默默的倒掉咖啡，重新燒水沖了一杯，而這一切她渾然不覺。

她雖然不是故意的，卻令我很為難、很尷尬。也許她認為不拘小節是優點，只是忘了分寸。**若分不清其中的界限，不拘小節就成了不講究，實在就變成厚臉皮**。

有的人就是這樣，比如有個同事，上班經常遲到，不管上司怎麼說，他也不在乎，依然我行我素。聚餐時，他把自己喜歡吃的菜轉到自己這邊，別人轉過去時，他就用手按著桌子或者立刻再轉回來。我問他：「你沒覺得自己有需要調整的地方嗎？」他堅定的告訴我：「是別人不夠包容，人哪有十全十美的。」

很多事情你不在乎，並不代表別人也不在乎。我不知道情商高的定義，但是情商低的種種表現盡收眼底，用你的感受就可以判斷。

為人處世，我們儘量做到讓對方感到舒服，這是技巧，也是修養。

前半夜多想想自己，後半夜多想想別人

有的人對別人和對自己．有兩套做人的要求和標準。凡遇到對自己不利的事情，他總是振振有詞，動不動就跟你講道理。

有的人在為人處世的過程中，常常把自己歸於弱勢群體，理所當然的要求享受優待。比如男女吵架，有些女人就掐著腰，指著男人的鼻子說：「我是女人，可以不講理、動手，但你作為男人就不可以這樣。」

公車上，有的老人剛上車就理直氣壯的要求年輕人讓座。如果你主動一些，他可能連一句謝謝都沒有，因為在他眼裡，這是理所當然的。有的年輕人看到這類新聞後很氣憤，之後在公車上便不願讓座給他們。

這個社會越來越冷漠，人與人之間充滿了敵意和諷刺。

我某天出門，離目的地只有幾分鐘的路程，我就沒扣上大衣的扣子，沒想到一位陌生大媽隔著老遠朝我喊：「女孩，把衣服扣上，多冷啊，會感冒的。」那一瞬間，一句來自陌生人的關懷，讓我覺得大媽好可愛，於是乖乖的扣好扣子。

記得有一次參加行業聚會，來自不同城市的同行分別坐在兩張桌子上吃飯。一桌是四十歲以上的人，他們熱火朝天的聊天，談工作、開玩笑，舉杯共飲，相互讓菜。而我所在的一桌，幾乎都是二十幾歲的年輕人，剛工作沒多久，等菜時都低著頭玩手機。菜上桌後，大家就自顧自的吃，全程幾乎沒人說話，氣氛很尷尬，持續十幾分鐘後，吃得最慢的一個人放下了筷子，這桌人就散了。

年紀大一點的人，坐個車、遛個彎都能找到合拍的人，聊得很開心。他們能跟鄰居處得比遠親還親，而現在的年輕人即使住在同一棟樓裡，碰面也很少說話。

很多人都患有尷尬癌——源於不自信，怕冷場、丟人，也怕別人瞎想，總是想得太多：怎麼開口會比較自然？說什麼才更恰當？說的內容對方愛不愛聽？講的笑話會不會太冷？話題是不是很沒營養？

越來越多的人開始追求降低溝通成本，於是把話說得簡潔、乾脆，避免廢話。就這樣，人與人之間少了很多熱情。

各種社交帳號加的好友不少，可是「死」在通訊錄列表裡的人也同樣不少。以前等一個人的回信，可以是一週、一個月，甚至更久，滿心都是期待。現在等對方回訊息，如果對方沒有馬上回覆，晚了三、五分鐘，你就會亂想自己在對方心裡，是不是不重要了。

社會越快速發展，我們變得越脆弱，懷疑自己、懷疑別人，懶得說客套話，認為很多東西都沒用。有的人就連快遞晚到一天都會投訴、給負評。

到底什麼是有意義？時間花在哪裡才不算虛度？我們感覺時間永遠不夠用，可越是害怕浪費，越是無法合理分配時間。

我的一位同事工作能力很強，喜歡刪繁就簡。有一次報送材料，對方一而再、再而三的打電話說沒收到材料，同事急眼了，不耐煩的告訴對方：「不要再打來了，已經報上去了，弄丟了也是你們的責任。」結果對方聯絡我們的上級上司，上司說：「再報送一次。」

我理解這位同事的感受，我在工作中也經常遇到溝通問題。有時候一個電話號碼，你需要重複四、五遍，對方才能記下來，搞得我也很不耐煩。但是轉念一想，每個人的記憶力和業務水準各有不同，如果都按照自己的標準，甚至高於自己的標準去要求別人，反而會影響自己的情緒。

其實，我也是個急性子，沒什麼耐心，曾一度討厭跟反應慢的人打交道，不想說一堆廢話，做一些無用功來遷就對方。比如做節目時，助理會有一些常規的工作詢問，我每次都告訴他們一切正常，除了特殊情況我會請假，否則絕對不會曠檔。但是他們每次都會照例詢問，於是不管是誰，我都直接無視消息，不予回覆。可是，我慢慢的發現這種態度很傷人，甚至讓人害怕接觸你，對你敬而遠之。

為此，我試著改變自己，放低姿態，而不是總站在自己的角度看世界。主持人方瓊採訪小孩子時，她會蹲下來，甚至半跪著跟孩子保持在差不多的高度上，看著他們的眼睛，像朋友一樣說話，平易近人。

前陣子，有一個退休老阿姨打電話諮詢換健保卡的事情，這事不歸我們部門管，她應該直接去當地相關部門查詢。但是聽說她年紀大，腿腳也不好，我便放下手中的工作，幫她聯繫相關部門。

我問了她的身分證號，幫她查詢，確認她的健保卡已經辦好，再把取卡地址告訴她，慢慢的讀，怕她記錯又重複了一遍，還告訴她該坐幾號公車。

我想，如果我是她，外出時能遇見一點溫暖，就如沐浴陽光一般，儘管不是什麼大事，也會感恩人情溫暖。

還有一天，樓下警衛說一個大叔被電話催來辦事，但是聯繫不上是哪個部門，問電話是不是我打的。我說不是，保安就不讓他上樓。大叔說，那他先回去，等聯繫上了再來。

我說：「我下樓接您。」然後帶大叔去各個部門詢問，我告訴他：「不想讓您大冷天的白跑一趟。」

人都有不順的時候，也有哪天老了需要人扶一把，當我們從一個強者慢慢變成了弱勢群體，內心多麼渴望別人能給予一點關愛、方便；記憶力衰退、反應遲鈍時，多麼希望周圍的人能耐心的、慢慢的跟你講話，重複一遍給你聽；走路慢時，希望後面的年輕人不會急得直跺腳；公車顛簸，站不住時，會有一個年輕人從座位上站起來，說：「您坐吧！」

你知道那種渴望嗎？尤其是在最絕望的時候。

我剛上小學時，學校發生過一場大事故。放學後同學們蜂擁而出，結果在教學樓門前紛紛摔倒，像疊羅漢一樣，我被壓在了最下面。

當時年紀小，怎麼掙扎都挪不開身子，身上像壓著一座五指山，四周全是哭喊聲。那一瞬間腦子是空白的，我伸出手渴望被拉出去，衝著大家喊：「救我，救我！」幸運的是，一個高年級哥哥拽住我的手，把我救了出來。因為脫離得早，我只是有一點兒磕傷。

我幾乎忘了那個年紀裡發生的事情，唯獨被救那一刻的感動，刻骨銘心。那一刻，所有的恐懼和絕望交織在一起，我多麼希望能遇到一個善心的天使，而那個天使只是比我大幾歲的哥哥。雖然他不過是用力拽了我一把，但對我而言，那是不幸中的萬幸。

從此以後，我知道了感恩。這個世界上本就沒有人虧欠你，別人對你一點一滴的好，都值得你記在心裡，以愛的名義將之傳遞下去。

你不經意的一言一行，會給周圍的人帶去不一樣的心情。前半夜多想想自己，後半夜多想想別人，尤其是有些強勢的人，別沒事折騰人，請多給別人提供一些方便，畢竟你也希望被善待。別天天期待歲月靜好，只知道索取而不想付出一點點努力，這樣的話，最後只能自食其果。

你要知道，**你對別人的態度影響著別人對你的態度。**

8／你選擇的不是一座城市，而是人生

經常聽人們討論這樣一個問題：是留在大城市，還是回到小城市？

在北京、上海、廣州這樣的一線城市，競爭很激烈，壓力很大，夢想不容易實現；若是在老家，也許父母早備齊好房子、車子，甚至還能幫你介紹一份既體面又穩定的工作。

在大城市，就算你拚上幾十年，也未必買得起一套房子，好不容易攢夠錢準備買一輛車，拿著早就考下來的駕照，卻好幾年都搖不到車牌號（按：中國限制北京車輛數量增長，以降低城市交通堵塞情況，而實施《北京市小客車數量調控暫行規定》，造成車牌號碼變成稀有資源。就算有錢買車，也不一定能拿得到車牌號碼，必須參加搖號——抽籤取得車牌號碼）。

可是，每年仍然有那麼多人到大城市打拚，他們寧願擠公交車和地鐵，到處碰壁，不停的折騰，也不願意回家。大城市讓人又愛又恨，愛的是氛圍、包容性，而不是那片繁華。

包容性，是我理解的文明，是一座城市乃至一個國家的文明。在大城市，每個人都在積極的創造價值，努力實現自己的理想。這裡的生活也許不是最好的，但能讓你活得很自在，沒有那麼多條條框框的束縛。你可以打扮成自己喜歡的模樣，像水一樣，能適應各種容器，變換各種形態。

你永遠不用擔心穿錯衣服，也不用擔心口紅的顏色太紅、太紫、太濃，大家的衣著各有特點，妝容各有偏好。這種自在能帶給人莫名的興奮，任你怎麼胡來，都不會顯得突兀，反正每個人的注意力都有限，你也造不出什麼風浪。真的，這種自在感太迷人了。

你在大城市中是渺小的，那種渺小能給你帶來安全感。沒有人知道你經歷了什麼痛苦，也沒有人知道你為什麼開心到想在路上跳舞，你可以守著自己的小祕密，安心的度過每一天。

也許你覺得大城市的生活過於冷漠，但就是因為這一點點的冷漠，讓你更自由、更隨心所欲。

小城市的生活總是那麼中規中矩，你稍微穿得張揚一點兒，就會迎來很多異樣的目光，甚至對你指指點點。

在小城市，你不能特立獨行。它給你定好了規矩，你必須在規則之內，才算得上是正常人，否則就會被各方打壓、排斥和疏遠。在這種無形的壓力下，即便你是一個正常人，長此以往，也會被看作怪物，變得不合群。

生活在小城市裡的女孩，過了二十五、六歲就成為大齡剩女，父母總是惦記把女兒嫁出去。

婚姻原本是自己的選擇，幫你找對象卻成了全家人共同的努力目標，「不孝有三，不在適婚年齡結婚為大。」相親已經成為小城市中，多數女孩追求幸福的主要方式，但很難說她們到底幸不幸福。

我認識一位阿姨，當時她五十多歲，至今未婚，是大家口中的老女孩。年輕時，周邊的親戚、同事介紹不少男性給她，她看了、也嘗試了，卻都無疾而終。她說自己實在無法忍受跟一個不喜歡的男人在一起，更別說有任何身體上的接觸，一想到還要跟他生孩子就覺得無比厭惡。

她朋友很少，同事們都不太喜歡跟她接觸，說她古怪，還怕聊天時不小心提到婚姻、孩子等敏感詞會傷到她。和她同齡的人基本上都是已婚婦女，百分之九十都在聊家庭瑣事，話題也是圍繞著老公或兒女，她根本插不上嘴。

久而久之，人們都躲著她，她的背影看上去更孤獨了，甚至當她走在大街上，後面都會有人嚼舌根：「就是她，這個女人一輩子都沒結婚。」

如今，這位阿姨退休了，還賣了房子，說要去外面看一看，說不定還會遇見愛情，有了家，就不回來了。很多人驚嘆，她竟然不是獨身主義者，也不是對男人絕望，想一個人過一輩子？

一輩子太長，誰說得清呢？

有些人一直在堅守著自己，不肯委屈自己，也不願意將就，寧願多等幾年，甚至幾十年，直到那個合適的人出現，這叫寧缺毋濫。

我認識一個漂亮的學姐，單親家庭，有一個弟弟，一家三口住在五十多平方公尺的房子裡。她畢業後考上了老家的公務員，熬到三十歲出頭，上司介紹一個在銀行上班的男生給她，兩個人相處兩、三年，終於準備結婚了。她結婚前，我說：「姐夫人挺好的。」她一臉茫然的問我：「好嗎？就那樣，將就吧！」

如今，她結了婚，生了一個女兒，過上大家口中的正常生活，但她幸福嗎？大概只有她自己清楚。

原本一個非常優秀的女孩，過了三十歲就被貼上「大齡未婚女青年」標籤，然後被「打折處理」，介紹一個各方面條件都不如她的男人，還被認定這叫般配。最可氣的是，如果她不接受這樣的安排，就會被人們說：「妳這個年紀，還想找什麼樣的？」但是在大城市裡晚婚晚育很正常，大家都忙著事業，心態也平和得多。而且認識的人多，接觸的圈子也多，遇到真愛的概率也大。

我很怕回老家，在外面待久了，覺得自己還是個孩子，終身大事順其自然才好，急也沒用，根本不用去想。但是一回到老家，就覺得自己時間緊、任務重，成了媽媽口中快到中年的人了。

我有幾個北漂的大學同學，比如姚姚跟娜娜，她們都還單身，一個個好像剛畢業的活力少女，早上變花樣般的做早餐，下班還會去夜跑，週末跟朋友們聚會，生活豐富多彩。

我喜歡她們這樣的生活。她們敢**和世俗抗衡，不至於變成弱者**。

當然，小城市也有小城市的人情冷暖，它或許更接地氣，讓人有更多的時間和精力去享受人生，去體會親情。大城市與小城市並沒有好壞與對錯之分，適合自己就好。

也許你和我一樣，對物質生活沒那麼高的要求，卻很渴望在文明的社會裡，擁有一些空間、自由、尊重，有時間、有權利做自己。

一個人的善良不僅僅是你為這個社會做了多大貢獻、做了多少好事，還包括你言語之中對別人有多寬容。不打擾、不評判別人，不去要求他人和自己一樣，也是一種美德。

第四章

我們才是自己的假想敵

1／世上沒有無緣無故的愛

人們常說，世上沒有無緣無故的愛。父母愛你，是因為血緣，你是他們生命的延續；朋友對你好，一種是惺惺相惜、志趣相投，能說知心話，一種是對方有求於你，才會請你吃飯，說盡好話；戀人對你溫柔體貼，是希望能跟你攜手走下去，建立一個家，一起奮鬥，相互扶持，共度一生。

除此之外，你的生命裡還會出現另外一些人，我們稱作陌生人。你們萍水相逢，只有一面之緣，甚至連對方的姓名都不知道。無所謂，這就像一次次旅行，你們都在這列火車上，無意間聊起了彼此都感興趣的話題，可一轉眼，對方到站要下車了，雖然意猶未盡，但誰也沒留下聯繫方式。有的人會從中途上車，和你到達同一個目的地。還有的人就像推著小車的列車員，對你喊一句：「讓一讓！」這些人，都是過客。

我認識一個人，他口中有無數個兒時玩伴，今天幫其中一個找工作，明天把自己的房間分一半給另外一個人住，後天拿點錢救濟下一個，總之，一直都在力所能及的幫助身邊的朋友。

我對待閨密也是如此，只要是我的朋友，一定誠心誠意相待，認真聽她們傾訴，幫忙分析，一起解決。但問題是，朋友不是親人和戀人，親人有血緣關係，戀人是一條船上的，兩者的好壞都與自己息息相關。況且現在大多數朋友都是中學或大學的同窗，畢業後分道揚鑣，過幾年很多事情就變了，他可能不再是當初你了解的那個人，所以什麼話能說、什麼話不能說尤為重要。

我覺得，無論關係如何，都盡量不要摻和朋友感情上的事，即便對方徵詢你的建議，也要多聽少說，以勸和為主。這是因為，如果你反過來勸朋友分手，無論他是否分手，你都可能被說什麼。

第一種情況，他真分手了，他的另一半八成會怨恨你，認為一切都是你從中作梗。也許，連他也會把分手一事怪到你頭上。

第二種情況，他與另一半和好了，兩人可能會私下嘀咕：「〇〇怎麼這麼討厭，居然勸我們分手，真是見不得別人好。」

總之，清官難斷家務事，**任何人的感情都可能是一筆說不清的糊塗賬，當事人都不知道如何處理自己的感情，你又何必替他拿主意？**

在與朋友相處的過程中，有的人經常有這樣的疑惑：為什麼我會好心辦壞事？為什麼幫忙後人家還不領情？為什麼做同樣的事，明明我付出得更多，卻不及別人收到的效果？

這些問題的答案可能各有不同，但我認為至少有一點是一樣的，就是你打心底就沒關注問題中的細節。都說細節決定成敗，什麼是細節呢？舉一個簡單的例子。

我們辦公室的書櫃裡擺著很多沒人看的雜誌，其他部門的一個同事看到了，本來選了一些要拿走，結果放在桌子上忘了帶走。我恰好去這個同事的部門辦事，順便提醒他雜誌還在桌子上。臨下班前，他來取雜誌，我趕忙起身幫他找袋子。他說不用，這麼拿著就行，我說冬天凍手，硬是找袋子裝著。他滿是感謝，拎上袋子歡快的走了。

這麼一件小事，提醒一句也好，找個袋子也罷，花不了多少時間，更不會損失什麼，但能給對方帶來不一樣的心情。當你決定做一件好事時，為什麼不讓這些小細節錦上添花呢？

做同樣的事，怎麼能既方便自己又讓對方舒心，是一種技巧。總好過臨時抱佛腳，有求於人時再去百般取悅對方，這樣為人處世，沒有人會打心底裡喜歡你。

生活其實是人情的往來，把各種細節都處理好，你就擁有了站穩腳跟的資本。你和對方建立友誼的基礎是知道對方的喜好，重點出擊。不過，需要注意的是，千萬別為了滿足別人而為難自己。人際交往本來就是與人方便、與己方便，為了**讓別人滿意而讓自己勞心勞力**、得不償失，**就失去了交際的意義**。

比如，朋友千里迢迢帶了一瓶法國香檳給你，手還沒弄暖，你便當著朋友的面一轉手把香檳送給別人，朋友會感到多麼難堪啊！而我則善於在恰當的時機把自己用不上的東西送給需要的人，一方面不會造成資源浪費，另一方面如果能投其所好，就是兩全其美。

讀大學時，同學很喜歡找我去逛街，原因是賣家總能給我優惠或者贈送一大堆贈品。比如買一碗餛飩多給我幾個，買五個串多給我一串。再比如別人買一件衣服，店家打八折，而我買同一件衣服，店家願意打七折。

為什麼我會得到這些優待呢？因為我會說話，尊重別人的勞動。別人遞給你東西時，你會說一句謝謝嗎？你會不會覺得自己既然花了錢，對方為你服務是理所當然的，沒什麼可謝的。

你想過嗎？那些擺攤子的人也想在家裡享受，可是迫於生計只能風吹日晒。也許他忙了一天，只遇到冷冰冰的人，而你對他噓寒問暖多說兩句話，他就會覺得很暖心。想想看，如果你在離開前微笑道謝，對方會有什麼感受？

我想說，**世上沒有無緣無故的愛，也沒有天上掉餡餅的好事，當你用心善待別人時，才可能被這個世界溫柔相待。**對別人寬容，你可能會得到意想不到的回報。你在要求別人該如何對你的時候，你對別人又做了些什麼呢？

2 不是每次說分手，都能換來一句挽留

我身邊有兩類女孩：

一類是到了一定年紀，被父母逼婚，於是開啟相親模式，與親戚朋友介紹的條件相當的男士約會。幾個月後順利步入婚姻殿堂，婚後不久便有了孩子，接下來就是柴米油鹽的生活。她們覺得這樣很好呀，波瀾不驚，過日子哪裡需要那麼多心動，況且父母、祖父母也都是這麼過來的。

還有一類女孩，堅決主張自由戀愛。結婚對象一定得是自己找的，是自己主動認識的，寧可接受在同一班地鐵上偶遇，也不接受朋友介紹的人。而且必須有足夠的時間培養感情，少一分一秒都不行，否則都不叫真愛。先有好感才能談戀愛，感

情不是硬生生培養來的，不能將就，也不能湊合。對這類女孩而言，結婚這一步往往很坎坷，有的人愛情長跑七、八年還沒登記結婚，戀愛期間也是分分合合、一波三折，可真正到了修成正果那天，卻能羨煞旁人。畢竟因愛而結合的婚姻，是多少年來膾炙人口的佳話，它有得天獨厚的高級感。

無論哪一條路，能找到幸福，就是好的。

前者可以避免很多感情上的暗礁，一方面年紀擺在那裡，對於幼稚行為有了一定的抵抗能力；另一方面，彼此都覺得合適，就不會產生一些愛的副作用。比如他有沒有在情人節送鮮花、有沒有用心準備生日禮物、記不記得結婚紀念日，陪她的時間夠不夠多……她不會因為這些而徒生煩惱。如果他哪天突然給她製造一場浪漫，她反而認為這是撿來的驚喜，就像從舊衣服口袋裡發現一張百元鈔票一樣。沒有在一段感情裡傾注那麼多的時間、眼淚、掙扎，你就不覺得對方欠自己什麼。

閱歷可以讓人變得聰明，不該說的不說，不該問的不問，這是克制，也是一種自我保護。

她甚至不敢過多的追問他的過去，生怕破壞這種平衡，於是努力維護，學著相敬如賓，只做好分內的角色。

當然也會有爭吵，但這無非因為馬桶蓋是該掀起來還是放下去，過年回娘家還是婆家，家務是該共同分擔還是一人承擔等瑣事，或者說是生活中實實在在的分歧。這種吵架無傷大雅，吵一吵反而能促進雙方的感情，是一種生活習慣的磨合。

後者自認為視愛情如生命，付出了很多，所以無形中對伴侶的要求也越多，希望能得到滿意的回報，也認為這種回報是理所當然的。就像父母對你傾注的希望越多，對你的要求也就越嚴格。你可能做得很好，但如果沒達到他們的要求，就會令他們失望。

這種要求主要指精神層面。比如她哭鬧時，他有沒有耐心哄她？她生病了，他有沒有表現出心疼？她在外出差，他有沒有擔心？她一個人走夜路，他有沒有放下手裡的事情，主動要求送她？他陪她的時間多不多？是工作重要還是她重要？甚至還會跟他的前女友、父母、哥們兒吃醋、跟他本人吃醋，絕對要霸占他內心的第一位才甘心。

她還會因為他的一個動作、一句話來判斷他愛不愛自己，用一件小事來斷章取義的判斷他愛自己的程度，以至於忘記了他曾經對她的好，並且把當天一切客觀因素統統拋開。她也會因為一件小事而牽扯其他，透過翻舊賬、揭短、說狠話等方式來宣洩情緒。

以上就是普通戀人的日常生活。相愛的人難免相互折磨，他們最愛玩的就是分手遊戲。之所以稱為遊戲，是因為很多時候雙方根本不想分手，只是想嚇唬對方，或讓對方悔改。遊戲規則是刪除對方所有的聯繫方式，拒接電話。即使聯繫上了，也要說狠話，儘管口不對心。當然，因為彼此相愛，都知道遊戲規則，其中一方總能及時挽回。

然而，**一個人的耐性是有限的，再好玩的遊戲也會膩，一根橡皮筋不可能一直有彈性。**

第一次說分手，他可能會很在乎跟害怕，像個小瘋子似的極力挽回。

第二次說分手，他會用苦肉計跟眼淚跟你憶苦思甜，最後兩個人感天動的抱著哭，終於和好如初。

第三次說分手，對方會變得冷靜而理性，跟你面對面好好談，最後達成共識，若愛就請好好愛。

第四次說分手，可能對方已經習慣了，告訴你別鬧了，好好過日子。

第N次說分手，也許他的回應就是：「分就分！」

說出去的話，潑出去的水，是收不回來的。你傲慢的說分手，但往往不能低三下四的挽回，只能咬碎牙往肚裡咽，咽下去就成了一輩子的遺憾，咽不下去會噁心自己一輩子。

電視劇《咱們結婚吧》裡，桃子的媽媽說：「就我這樣火爆的脾氣，一輩子都沒說過『離婚』兩個字，因為這兩個字不是說說而已，很傷感情，甚至會導致婚姻破裂。」這是聰明女人的選擇，該克制的時候能克制，知道分寸。

我有一個學妹跟學長異地戀。他們異地戀的痛苦之處，在於一個還在念大學，一個先畢業有工作；一個閒，一個忙；一個嫌對方總沒時間陪自己，一個嫌對方怎麼這麼黏人。女生在大學裡渴望愛情的滋潤，男生背負著各種壓力努力工作，矛盾無形中就產生了。

女生總是在微信朋友圈發表想法，抱怨男朋友沒時間陪自己，覺得自己被冷落、被忽略了，不再重要了。她羨慕身邊的女同學有人照顧，羨慕別人的男朋友浪漫體貼，終於耐不住寂寞提出分手，以為可以嚇嚇他，讓他知錯就改。誰知道對方也受夠了，居然很爽快的答應了。

接下來的一段時間裡，我的微信朋友圈就被這個學妹發布的後悔狀態洗頻了。她說，女人說分手，只是想讓他挽留，是一種試探，男人說分手就是真的想分手了，無法挽回。她還說，每天回憶兩個人在一起的甜蜜幸福，好像另一個聲音在說：「其實在一起時，他也沒少陪我，對我也很好，當初千不該萬不該意氣用事，現在後悔了，有什麼辦法挽回呢？」

還有個女孩，她也有分手的經歷：談戀愛期間意外懷孕，手術後總感覺男朋友沒時間陪她，對她沒有從前好了。於是她提出分手，男朋友就找各種理由挽留，說什麼也不分，最後沒分成。她冷靜下來後，很慶幸男朋友的及時挽留，制止了她的任性。

女人在最脆弱、最缺乏安全感時很敏感，對男人的要求也會變得苛刻，這需要足夠的感情基礎以及對方對你的了解和寬容。同樣，不能只讓男人包容女人，任何一方落後、摔倒，對方都能及時扶起來，這樣才能走得更遠。

二十幾歲的年紀確實需要更多的時間和精力去奮鬥，他陪你的時間少了，或者某一次把重要的節日忘了，都不至於「被判死刑」，只有不愛了或背叛，才值得你說一句：「我們分手吧。」

感情就像種花草，根沒爛，哪裡不好治哪裡就行了，何苦拔掉它？妳要明白，那個人曾在妳面前展示過最真實的一面，他的脆弱、無奈、不堪，妳都了解，請不要因為這些跟他爭吵了。

如果你們相愛，妳覺得他可以依靠，**千萬別動不動就說分手，除非妳真的想清楚了並且不會回頭。**感情經不起反反覆覆的折騰，不是每一次說分手，都會有人死死的拉住妳的手不放。

3／你條件這麼好，為什麼沒有女朋友？

最近有個男生跟我抱怨：「我的條件明明不錯，卻找不到女朋友。就連條件一般的兒時玩伴都追到心儀的女生了，為什麼沒有女孩喜歡我呢？」

舊社會講究門當戶對，多數看重的是家庭門第。老一輩的傳統觀念是只要人好就行，也就是要實在、憨厚、踏實。我們父母這一輩認為，男生只要有一份體面的工作，能買得起車房，男生父母有生活能力和經濟保障，就算條件好的家庭。

到了我們這一代，要求就比較多了，首先要看順眼，這個順眼的內涵就很豐富了，要三觀吻合、有話可說、性格互補。

如果透過相親認識，你只要硬體達標，符合父輩的標準，就可以順利的得到女生的社交平臺帳號、手機號碼，及約會資格。可是很多男生剛剛跟女生取得聯繫，就被無情的拒絕了。

有一個農村家庭的男生大學畢業後在公安系統做獄警。這些年他一直單身，家人發動身邊好多人介紹對象，但是他為人樸實，說自己只喜歡本分的女孩，不要那種花枝招展的。

經過親朋好友的鼎力相助，他終於遇到一個可靠的女孩，還加了她的帳號。

第一次和女孩聊天，他直截了當的說：「我有句心裡話想對妳說。」

女孩嚇了一跳，小心的問：「什麼心裡話？」

他說：「我今天太累了，要下榻了，這就是我的心裡話。」

女孩說：「那回頭聊，晚安。」

他說：「退下吧！」

女孩一頭霧水，看了一眼時間，才晚上九點。

第二天早上六點多，他傳訊息給女孩：「今天祝妳工作順利，心情愉快。」

女孩迷迷糊糊中回覆：「謝謝。」

他說：「不客氣，為人民服務。」

女孩無言以對。

之後兩個人聊天，男生每說一句話都以「哥」自詡，整個談話過程分不清他哪一句是開玩笑，哪一句是認真的。

幽默是一種很難得的特質，它能**體現一個人的修養和氣度**。但是在兩個人不熟的情況下，亂開玩笑，就是沒有分寸、沒有自知之明。只有在你足了解對方的脾氣秉性，對方也熟知你的性格習慣的情況下，你的玩笑才不顯得突兀、尷尬。否則，毫無分寸的玩笑只會讓對方莫名其妙，認為這是一種沒禮貌的回應，甚至顯得並不友善。所以，開玩笑一定要有前提，要找對對象，並且要適度。

第一次聊天的氛圍很重要，甚至決定了對方會不會對你產生好感，願不願意繼續跟你聊。當你覺得很累需要休息時，為什麼不等第二天有了時間和精力再跟對方聊？沒有任何鋪墊，像是完成任務一樣跟對方硬聊，對方能對你有好印象才怪！

還有一個男生，在國營企業工作，家庭條件不錯，身高和長相也都不差，但是畢業這幾年一直單身。介紹人說這孩子內向，不愛說話，也不會說話，更不會談戀愛，希望女孩主動。

家裡介紹一個門當戶對的女孩給他，兩個人互相加了聯絡方式，但半個月以來說的話不到十句。女孩倒是挺上心的，主動找話題聊。可男生就是一個話題終結者，每次女孩問什麼，他都言簡意賅的回答，問一句，答一句，跟做考題似的，而且都是隔了好久才回覆，只答不問。

女孩問：「你在忙嗎？」

他說：「不忙啊，看電視呢！」

女孩問：「你每週都回家嗎？畢竟兩市之間也不近，不累嗎？」

他說：「隔一週回，客車方便。」女孩家也是外地的，他並沒有反問：「妳呢？多久回一次家？」

女孩問：「你大學在哪兒讀的啊？」

他說：「某某大學。」

一問一答的模式，根本沒有你來我往的交流。女孩實在受不了，只好跟男生斷了聯繫。

論相親體驗，也曾有熱心親戚介紹對象給我。對方是富二代，看了照片，長得不錯，我也把微信帳號告訴他。

他加我為好友後，沒有間隔的發兩條訊息：第一條是「妳好」；第二條是簡介，包括姓名、出生年月、某大學某專業畢業，畢業後去了某公司財務部工作，去年考上了公務員。

我開玩笑說：「喲，還存了文字模式，很專業啊！」

他說：「妳也來一個自我介紹，不用非照這個模式，基本資訊說全就行。」

於是，我把我的基本資訊傳過去。在我打字的過程中，他已經把我的微信朋友圈流覽一遍。

他問我：「妳是情感電臺主播？」

我說：「業餘愛好而已。」

他說：「我只聽新聞，從不聽情感節目。」

他繼續問了我一系列問題：「哪年出生？妳家幾個孩子？身高多少？妳有工作嗎？交過幾個對象？」

因為是親戚介紹的，我就一五一十的回答了，但還是忍不住調侃：「你不當員警真的浪費人才啊！」

他又說：「今天天氣很好，出來陪我去公園逛逛吧！」

我拒絕了他，他說：「那算了。」過了一陣又不死心，問我：「妳做這個電臺的收入是多少？能不能致富？我也試試。」

我客氣的說賺不到多少錢，他說：「我開玩笑的，想致富我就去種樹了。」

他聽了一下我的節目又說：「我常在網路上看到類似《夜色撩人》的節目名稱，所以還以為《夜色溫柔》電臺是一個多麼大尺度的節目。」

我解釋：「這是引用費茲傑羅的小說《夜色溫柔》（*Tender Is the Night*，臺灣出版的書名為《夜未央》），柴靜以前做過這個節目，我做下去只因為情懷。」

他突然很嚴肅的說：「我剛回頭看妳說的話，我沒在審問妳，我只是問了一些基本資訊，妳至於聲討我嗎？我自來熟、愛開玩笑、注重效率。」

他接著問：「妳是不是脾氣特急？性格不好？」又說：「妳不用給我普及知識，我讀過歷史、軍事、地理等類型的著作，也發表過一些散文。大家都是朋友介紹的，再見。」

然後，我刪他好友。

後來透過別的朋友得知，這個男生很囂張，仗著自己的家庭條件好，說話時常得罪人。他一直在相親，但一直找不到合適的人，成了大家口口相傳「條件好，特挑」的那種人。

人與人交往，無論是什麼平臺，說話得體，讓對方不尷尬的把話題進行下去才是重點。你會發現，那些以前你對伴侶的幻想及要求都能濃縮成一條標準：有話可說。我想聽你說話，我想跟你說話，這就夠了。

很多男生在親戚的眼裡很內向，而且被形容為不愛說話、不會談戀愛。

我認識一個男生，大學主修播音主持專業，性格開朗，當過班長、學生會副主席，積極參加學校組織的各類活動。而他的家人說他性格內向，不愛說話，相親不積極，跟介紹的對象都不了了之。但他追求自己喜歡的女孩時卻能死纏爛打，總有說不完的話，非常主動。

我的一個高中女同學，參加工作後相親認識了一個男生。介紹人說，這孩子長得帥、顧本分，唯一的缺點就是不愛說話，給他介紹了好多女孩都沒成。可這個男生跟我同學一見面就很投緣，根本沒出現過無話可聊、彼此尷尬的局面，直到現在的婚後生活，兩個人都是有說有笑。

有的人不是內向，是跟你不投緣；不是不愛說話，是跟你沒話可說；不是高冷，是想暖的人不是你。

有的男生之所以沒有女朋友，要麼該反省一下自己，改變自己的態度，去了解女孩的心理；要麼還沒遇到那個可以讓他找到激情、獲得重生的女孩。

你為什麼沒有女朋友？這就是我給出的真誠回答。

4／抱歉，我們沒有那麼熟

我媽說，她有一個同事很喜歡聊生活瑣事，如果碰到不想回答的事，就得說假話，有時候話沒編好、圓不回來，那個同事還會刨根問底，讓她解釋清楚。

我問：「那妳為什麼不實話實說呢？女人聊天，有什麼可忌諱的。」

媽媽說，她連隱私都問，想回避一些問題，她卻窮追不捨。比如，她會問：「妳存款有多少？放銀行還是投資？妳家有幾套房？房產證上寫誰的名字？妳爸媽家有多少錢？妳的高中班主任是誰？大學畢業證是全日制還是函授（遠距教學模式之一）？」

我媽一臉無奈，兩手一攤：「只差問我銀行卡密碼了！」

據說那個阿姨人還不錯，可是，這類人往往越不把自己當外人，但這並不代表自己真的不是外人。因此，他們在社交中往往表現出說話不過腦子，做事不把握分寸，永遠不知道自己的存在有多麼尷尬。

外國人見面聊天氣，這就很禮貌。聰明人能尊重別人的隱私，善意看待別人的選擇。打招呼就只是打招呼，問候就只是問候，聊聊花花草草、興趣愛好，甚至八卦新聞都很好。即便是熟人，如果總是打探對方的隱私，也很不禮貌。

我的一個閨密曾因鄰居太過熱情而苦惱。

念大學時，她每次在社區遇見樓上的老太太，老人家隔著老遠就會衝她嚷嚷：「欸！妳又胖了，趕緊減肥吧！」搞得周圍的人都看向她，很是尷尬。

正因為如此，她每次走在社區裡都忐忑不安，生怕跟老太太來一次「美麗的邂逅」，無端給自己找麻煩，甚至難堪到下不了臺。

有一次，她剛出門就聽到樓下傳來老太太的說話聲，嚇得她立刻躲回家裡，透過貓眼向外看，直到確認老太太上樓才敢出門。

大學畢業後，女孩瘦了下來，以為終於可以不用躲著老太太了，結果老人家換了臺詞，每每偶遇都追著她問：「有沒有對象啊？該找了，別太挑了，差不多就行了啊！」

直到這個老太太搬家了，她才如釋重負，終於每天可以安心、自在地在社區遛狗，不必擔驚受怕。

如果熱情、關心是一種傳統美德，那麼，如何把握分寸就是一種能力。它會告訴你，不要隨便介入別人的生活隱私，不要因為自己的好奇心而讓對方難堪。

說實話，我很害怕那種自詡心直口快的人，只要他一開口，你永遠都不確定他能給自己帶來多大驚嚇，一旦拋出來的話讓你沒法接，就會面臨各種冷場。與之對話，就跟玩掃雷遊戲一樣。

幾代人之間存在代溝，每個年代有每個年代交友、聊天、相處的模式。他們不理解我們這一代人為什麼如此冷漠，在一個飯桌上吃飯都可以各吃各的，誰也不搭理誰。而我們也想不通為什麼兩個毫不相關的陌生人，買個菜、遛個彎都能聊得火熱，甚至連子女的生辰八字都能送出去。

前陣子出差，跟一個四十多歲的大姐住一家酒店，大姐問我，結婚沒？我說還沒，她笑著說：「不著急，有合適的就結，沒合適的就等，一個人生活也沒什麼不好的。」

她還說，單位裡年紀大的總是催年紀小的抓緊解決個人問題，甚至天天追問。她覺得實在沒必要這樣，成年人都有自己的想法，說多了反而招人煩，何必呢？

真的有這樣一些人，毫不顧忌對方的感受，也不管別人願不願意，只要是自己想知道的，都會直截了當的問，對方不想回答，還會窮追不捨的追問。

有一次，公司裡一個女孩參加同事的婚宴，因為有長輩在，她特地去敬酒。酒桌上的長輩突然關心起她的個人問題：「今年多大了？有對象嗎？該考慮了！」

一聽說女孩三十歲了，一桌人異口同聲：「該抓緊了！」

一位叔叔輩的人說：「就憑你這條件，我不信你找不到滿意的對象！」

大家隨聲附和。總之一句話，就是她要求太高了！

女孩無奈的說，她想找個聊得來的，這事不能將就，急不來。

那位叔叔點點頭，還轉身對著大家說：「勞煩在座的各位長輩費心，有合適的幫忙介紹。」

其中就有一位同事站起身來敬了一杯酒，發自肺腑的說：「這事我一直很放在心上，她不著急，我都替她急了，私下裡偷偷介紹過，沒敢告訴她。人家一聽說她不是本地人，都不願意見面，搞得我很被動、很尷尬！」

女孩的笑容頓時僵在臉上，拿著酒杯不知道說什麼好，在毫不知情的情況下，自己竟然被介紹給別人，還被拒絕了，真是哭笑不得。

大家也很尷尬，有位同事試圖打斷他，擺擺手說：「行了，行了，喝酒吧，別說這些了。」

他依舊喋喋不休的發表自己的看法，極力證明自己並沒有不關心部屬，但是事與願違，並沒人領情。空氣突然安靜下來，一桌人的酒杯都尷尬的停在半空中，直到女孩站起來把酒敬了，離場。

我一直認為，這種毫無分寸的關心以及讓人難以接受的表達方式，是情商低的表現，所以才會好心辦壞事。

你以為自己想得透，事情辦得夠漂亮，其他人都是糊塗蛋，需要你指點一二來醍醐灌頂；以為自己在微信朋友圈轉發的雞湯文多麼有道理、勵志，也許別人一臉不屑，悄悄的黑單你。

節目主持人金星在節目中很驕傲的說，自己天天勸別人談戀愛、結婚、生孩子，而且要生就生兩胎。

對於她們來說，這就像問「你吃了沒？」「你冷不冷？」一樣親切且稀鬆平常。因為這些都是「我在關心你，這都是為你好呀！」

但我認為，這種問題一旦說出口就足夠失禮了，何況你我並沒有那麼熟。

那些勸人減肥、找對象、結婚、生孩，還要要兩胎的人，也許真的好心，可是在對方眼裡你就是多管閒事，很少有人領情，說多了反而讓別人躲著你，不願意與你接觸。

誰不知道一瘦遮百醜，還需要你指指點點？誰不想有一個好的歸宿？你催有用嗎？誰不想多要幾個孩子？可是工作這麼忙，社會壓力這麼大，你能幫著帶孩子，還是願意出錢雇保姆呢？

千萬別把跟自己或者大多數人生活節奏不一樣的人視為另類，也不必為其擔心，每個人都有自己的活法。與其多管閒事，不如拋除一切生活隱私，同事歸同事、朋友歸朋友、親戚歸親戚、街坊歸街坊，其樂融融，好好相處！

我喜歡大城市的一點是包容性強，比如夏天怎麼穿搭都行，踩著夾腳拖出門都沒人盯著你看，更不會有人在背後指指點點。人人都忙著生活，精力有限，誰顧得上你呢？

真正的朋友會關心你，卻不會逼迫你，因為他懂你。雖然替你著急，試著製造機會讓你接觸異性，卻不會動不動就用尷尬的語言刺激你。相反，那些毫不相關的人才會以這種方式拉近彼此的距離，誤把強迫當作好心。

真正的好心，是你能尊重我的選擇。

女演員徐靜蕾說：「也許我是不婚主義者，但是我的閨密結婚我會祝福，真心替她們高興，但是她們一定不是為了結婚而結婚，而是為了幸福。」

你按部就班的生活，一切看上去都那麼規律、自然而然，可你未必過得比別人好，又有什麼資格去操心別人的終身大事？人與人的追求不同，幸福的定義與標準也不一樣，大可不必以一個過來人的口吻勸人說：「找對象嘛，會過日子才重要！結婚嘛，人好才重要！」

有的人願意在寶馬車裡哭，有的人喜歡在自行車上笑，無須評判，你要知道，
有時候冷淡也很迷人，**人與人之間保持適當的距離，更美。**

5／他想要的，不過是一個結婚對象而已

我曾一度非常害怕熱情的阿姨們開口問我：「女孩今年多大了啊？有對象嗎？想找什麼樣的人啊？」

問一問滿足一下好奇心，或關心一下倒還好，我就怕遇到一種阿姨，在結束快問快答後，她會在大腦裡迅速搜索，根據條件「連連看」，最後透過親戚、朋友的關係找到這麼一個人，然後介紹給你。

當然，人家是出於關心，畢竟誰也沒義務去多管閒事，所以這種好意往往很難直接拒絕。幸好在通信發達的時代裡有很多便捷的社交軟體跟平臺，可以先加好友，其他問題便可由著自己的心意來解決，這叫緩兵之計。

其實，透過加好友，看對方的社交平臺個人頁面來了解這個人，繼而在聊天的過程中，從陌生到熟悉再到產生好感，也是一種認識的方式，只是方法不同而已，我並不排斥。

讓我無法接受的，是目的性很強的交友方式，比如，加好友，打招呼，約出來聊聊，成了相親三部曲。初次約會，彼此不了解，沒話找話非常尷尬。聊淺了，對方覺得你沒誠意，容易疏離；聊深了，對方覺得你太現實，容易反感。

對於一個不相信一見鍾情的人來說，這樣的交友方式不夠自然，做朋友還好，若是還未喜歡上彼此就要求做戀人，刻意培養感情，簡直令人抓狂。

前幾天，我在一家餃子館吃飯，一個中年女人走進來，心急如焚的給老闆的女兒介紹對象。老闆的女兒正巧在店裡幫忙，客氣的回絕：「我有男朋友了。」

那個中年女人一臉世故的說：「怕什麼啊，同時跟兩個交往唄，我介紹的這個條件不錯，對比一下，妳選一個更好的。」

女孩一臉無奈的說：「不不不，我男朋友挺好的。」

中年女人這才訕訕的走開，臨走之前說：「真是可惜了，妳不再考慮一下？」

女孩一個勁兒的搖頭：「算了，算了。」

由此可見，一些人根本不關心你能不能找到幸福，只是想強硬的替你介紹一個結婚對象。

人若是目的性太強，活得太現實了，會變得又冷又硬，缺少人情味，做出的選擇往往會違背初心。很多人堅決不願意成為這樣的人，比如我。

家裡有女兒的父母都會著急，不少人勸過我，趕緊找一個人過日子，不然自己孤孤單單的，多可憐。

我說：「如果找一個人只是為了搭夥過日子，我不如趁著年輕多賺錢，等年紀大了去想去的城市，住最好的房子，多請幾個保姆，何苦以婚姻的名義，對他人進行契約綁架呢？」

我們聽到的完美婚姻，往往是因為三觀契合、相敬如賓，而不是勉強湊到一起，只為了完成各自所謂的使命，匆匆了此一生。

我們應該為自己而活，問問自己想要什麼樣的生活，想和什麼樣的人在一起。

我的一個同事，跟其丈夫是大學同學，一開始認識時，誰也看不上誰。他覺得她孤傲，她嫌棄他不帥，可是接觸後，她傾心於他的頭腦聰明，他喜歡上了她那股倔強的勁兒。

她丈夫的家庭條件並不好，她不離不棄的跟他來到一座陌生的城市打拚。如今，兩個人在一起已經十幾年了，還有一個可愛的女兒。

這是一個再普通不過的家庭，我想講的是，這位女同事的丈夫在私人企業上班，非常忙，但每天至少打三通電話給她。他很早起床，買好早餐，等到她上班時間才打電話，問她到公司沒？中午吃飯時，他會打電話問她吃得好不好？晚上下班後，他會打電話接她跟女兒回家。

有一次，丈夫打電話時，她正好在別的辦公室對接業務，手機放在座位上充電。一個多小時而已，丈夫就急著跟我們辦公室的人打聽她的消息。她回到座位一看，手機上有十幾個未接來電，都是丈夫打來的。

我見過戀愛期間能甜死人的愛情，也見過平淡如水的親情。所謂長情陪伴，並非只有一層夫妻關係，也並非只有責任，而是多了一層心疼和理解。

很多人恐懼相親一詞，帶著目的性去審視、衡量、嘗試，而我看到的相親者，多半都「閃婚」了，相處幾個月後就領證了。

我的一個女性朋友，相親對象是一個研究生，男生非常主動，發微信、打電話、邀約，看起來誠意滿滿。但女生總是找各種理由拒絕，男生就直接去介紹人那裡告了一狀，於是女生的媽媽給她上了一堂思想教育課，逼她去約會。無奈之下，女生和男生吃了兩頓飯，一人請了一次，最後女生攤牌說不合適。

不合適就算了，男生也沒再找過女生，但彼此的微信始終沒刪，男生還是會在女生的微信朋友圈裡留言。隔了一段時間，女生打算清理微信通訊錄時，發現這個男生和她已經不是好友關係了，只能看到他的微信朋友圈封面是他和另一個女生在海邊的親密合影。

女生瞬間明白一個男生會在什麼情況下刪除有過好感的異性，是在和對方沒有希望，卻幸運的遇到另一個能攜手相伴的人之後。就像你原本去商場買一雙鞋，打包付款後，就沒必要再到處看鞋，貨比三家了。

另外一個男生朋友，是富二代，一臉桃花相，還彈得一手好吉他，深得女人心。他談過一場非常用心的戀愛，女生比他大五、六歲。聽說他們在交往過程中，女生對他要求不高，只提醒過他：「你出去玩我不管，但是別玩出格就行。」

女生在約三十歲時，想盡各種辦法逼婚，明說暗示。可是男生年紀尚小，玩心重，還不想結婚，最終女生忍無可忍提出了分手。

分手後沒多久，女生就另嫁他人，直接度蜜月去了。

男生從沒如此用心的對待過一個女生，他很難過。他的哥們兒勸他說：「你傷心什麼？這個人值得嗎？她找的不是你，在她的心裡，你並不是一個獨一無二、不可取代的愛人，她不過是想找一個結婚對象而已。你不行，還有別人可以選擇。」

是呀，人家只是在適當的年紀裡想找一個結婚伴侶，你偏偏追求浪漫愛情。中途你如果不樂意，那就拉倒，總有人樂意，配偶只是一個位置而已，符合一定的硬性條件，給誰都一樣。

就像有些微博，有些人會發私訊問版主可不可以互粉。這是一個很划算的買賣，大家都能增加粉絲，增加活躍度，如果不樂意，那就算了。

所以，當我看到追求過自己的男生，曾經甜言蜜語、海誓山盟，說沒妳不行，轉身卻另覓新歡時，我都萬分慶幸，還好明智的拒絕對方，眼光真犀利。

有個朋友說，她的嫂子從來不管她哥，無論她哥多晚回家，她的嫂子都不吵不鬧。親戚朋友們都誇她的嫂子大方得體，可是她始終覺得她的嫂子根本不愛她哥。我問，她哥和嫂子是不是相親認識的，她說是。我說，這就很好理解了。

我並非歧視相親，而是反感沒有感情基礎，見幾次面就著急結婚的現象。這樣一來，兩個人只是湊合著過日子，外人看來的大方得體，本質上卻是漠不關心。

朋友說，需要相親的人都有情感缺陷。有人站出來反駁：對一個上班族來說，交友圈太小，認識的異性太少，優秀的人更難求，透過親戚、朋友介紹認識，也是一種途徑。

這話沒錯，但不可否認，很多透過相親認識的人，彼此間沒有愛或者不懂愛，只不過本著合適的條件被拴在一起，覺得婚姻是人生的一個必經階段。就像你一定要考上大學，它代表的只是一個學歷，而不是一定要考上某所大學，考不上就重讀，一次又一次，非得考上這所大學才行。何況，很多人都在志願表裡，勾選了「服從調劑」這一項（按：指分數達到填報學校的標準，但未達到填報學院科系的錄取分數，但若該校仍有其他科系還沒收滿人，那麼學生就能進入其他科系；若不服從調劑，那麼學校就不會錄取你）。

通往幸福的道路有很多，相親也有一見鍾情，也能遇見真愛。但我希望的是，不要只為了扮演那個角色，就去配合對方演出，而要做你自己。**婚姻不過是人生的另一個階段，並不是終點。**

6／男女之間哪有理解，不過是愛的妥協

分手有一句萬能金句：「我們不合適。」

究竟怎樣才算合適呢？

她不理解他，他沒時間陪她；她太能作、太能鬧，他不懂浪漫、不解風情；她嬌得十指不沾陽春水（按：指嬌生慣養、養尊處優），他懶到醬油瓶倒了都不擺好；她在家裡稱王稱霸，他總是在外應酬，喝得爛醉……。

所謂不合適，是連對方生活上的小習慣都不能忍受，像是：從中間擠牙膏、上完廁所馬桶蓋不掀上去、好幾天才洗一次腳、衣服丟在沙發上不掛起來、內褲和襪子不手洗等。

如果想分手，他喝點酒，抽根菸，打打遊戲，她都厭惡。如果不想在一起，她買支三百元的口紅，穿一千元以上的衣服，吃頓幾百元的大餐，他都嫌貴。

你常常覺得對方不是不好，而是不夠好；不是不在乎你，而是不夠在乎你；不是不愛你，而是不夠愛你。於是在輾轉反側和胡思亂想中，你匆匆忙忙的結束了這段感情。

接下來，你等待一個更好的人出現，等待著下一段感情的到來。可是，你真的能如願以償嗎？你錯過的人，真的糟糕到難以拯救，唯有放棄嗎？

某天看《鄭爽的書》，中國藝人鄭爽在書裡提到跟歌手胡彥斌的之前感情，她說：「真的深深愛過，愛得卑微，愛得痛徹心扉。」

在一起時，他們倆很相愛。可是後來，女方覺得開心，男生卻認為愛得太累。男方說：「很多感情結束，並不是因為不愛對方了，而是因為太累、太疲憊了。」

看到這裡，我的心咯噔一下。其實很多人都經歷過這樣一種感情：不是不愛，不是不想在一起，而是彼此看不到未來，又捨不得放棄，充滿左右為難的無力感。

一天下午，許久未見的朋友傳一條訊息給我，他說他剛跟女朋友吵了一架。

他的女朋友是一名幼教老師，學生放暑假後，她希望他能抽出幾天時間陪她去泡溫泉。他原本答應了，但因為工程中有個大專案未能如期完成，只好跟女朋友說取消泡溫泉計畫。

女朋友不依不饒，抱怨他不講信用。平時工作忙，聚少離多也屬正常，現在她好不容易有時間了，他還是沒空陪她。談了七、八個月戀愛，這戀愛怎麼談的？聽她這麼抱怨，他也急了，本來工程的事就讓他很鬧心，每天身心疲憊，還不被理解。他跟她講道理，說這件事不能怪他，計畫趕不上變化，又不是不想陪她，努力賺錢也是想給她提供更好的物質條件，況且等這個項目結束了，再去泡溫泉也不遲啊！

他問我：「為什麼她就不能多體諒一下我呢？只想得到自己想要的，卻不考慮我的感受，我也想得到她的關心和理解啊！」

我說：「不是女人不講道理，而是你根本不懂女人。你的解釋對於正在氣頭上的女人而言，等同於狡辯、搪塞、推卸責任、拒不認錯。」

他說：「別看我今年三十五歲了，也談過幾次戀愛，可我還是不懂女人。」

我接著問他：「那你愛她嗎？」

他說很愛，想跟她有個好的結果，但目前看來，未來很渺茫，可能走不下去。

我打趣道：「換作是我，你每天忙到深夜，相隔這麼遠，沒時間陪伴，我也會不開心的。」繼而又幫他分析：「女人在乎的是陪伴，滿心歡喜的等你這麼久，一場約會還泡湯了，肯定會不滿、抱怨、發牢騷，但是你作為男人要穩住，主動哄一哄，不就好了嗎？」

他說：「我也哄過了，可是對方根本不講道理。」

我說：「女人不是不明事理，她把情緒發洩出來，無非就是多抱怨幾句，等她情緒平復之後你再解釋，說你愛她、在乎她，也想多陪陪她，只是總有身不由己的時候，但保證一定會好好補償她。」

吵架的時候，男人爭的是理，講的是事實；女人在乎的是情，看重的是態度。

他又擔心的說：「可是我怕自己一味退讓，對方會得寸進尺，終究有一天高高在上的對我頤指氣使，那可怎麼辦？妳要知道，人都是自私的。」

我心裡咯噔一下，因為我曾聽過幾乎一模一樣的話，不過當時沒放在心上，以為這只是對方一時偏激的想法而已，沒想到這就是人性，甚至這個想法不分男女，擔心自己的遷就不能讓對方感恩，反而覺得理所當然，並由此變本加厲，更加無理取鬧。

曾有人對我說：「妳有一個優點，就是矛盾過後，和好了，是真的和好了，絕不記仇，從此翻篇。這種心態很多人都做不到的。」

我理解的不記仇並不是沒心沒肺、毫不在乎，也不是大度，而是一旦心裡有隔閡，必須消解掉，不可能當作沒發生過，繼續扮演自己的角色。

然而，一旦對方主動退讓、包容我，我就會順著臺階走下來，嘴上雖然不說，但是會暗下決心，要感恩、珍惜眼前的這個人，是他捨不得你難過，才會對你這麼好，這個人是值得的。所以，我的心態不像男生想的那樣惡劣，更不會任由隱患疊加到一定程度，忍無可忍再爆發。

我很少交異性朋友，但我發現，當你跟異性聊天時，你會越發了解異性的心理，從而可以從異性的視角審視自己，評判一段感情——噢，原來男人也會累、也會有情緒，他們不會像女人一樣發脾氣、說狠話、哭鬧，他們只是不善於表達，需要多一些理解和寬容。

有時候，我想對愛情中的男女說，你能不能把對方想得好一點？別把你的愛人想得那麼壞，別把你的愛情想得那麼糟糕，結局可能就是另外一種。

同事的女兒四歲，一臉童真的對媽媽說：「等我長大了，妳老了，我也天天送妳去幼稚園，讓妳看動畫片。」

她喜歡幼稚園，因為那裡有很多小夥伴，而且她最喜歡做的事就是安安靜靜的看《粉紅豬小妹》。

最單純的愛，就是把自己以為最好的東西一股腦兒的塞給對方，不管對方是否喜歡，是否接受。這種愛，對小孩子而言是童言無忌，是一種可愛的表現；對成年人來說，便成了一種負擔。負擔在於相互不理解，自以為付出了很多，結果對方非但不領情，反而滿是抱怨，真正想要的依然求而不得，也很委屈。

男人和女人的思維不同，雙方都希望伴侶有能力照顧自己，尤其是女人，她們對男人的要求更高，希望在自己有需要時，男人能為她跑前跑後、忙裡忙外。看著男人奔波的身影，聽著男人關懷的話語，女人會感到格外欣慰和幸福。如果男人只是無關痛癢的說一句「多喝熱水」、「好好休息」，或表現出一種沒什麼大事的深沉之愛，女人就會感到失落和失望；男人的要求相對簡單，只要女人能默默的陪伴他，不多嘴、不瞎折騰，他就滿足了。

閨密男友下班回家後，告訴閨密，自己扁桃體發炎了，要去診所打點滴。

兩個人確定戀愛關係才幾個月，而且一直是異地戀，她不知道他到底有多疼、多難受，她只擔心他的身體，而且在心裡自責前一晚跟他聊了很久，沒讓他睡好。她一邊在網上查關於扁桃體發炎的資料，一邊打電話問他的治療情況：「你告訴我打點滴到幾點，我幫你盯著時間，要不你睡一會兒，等下我叫醒你。」

他說：「不用，現在睡了，晚上就失眠了，我看一下電視或電子書吧！」

隔一會兒，她問他：「吃藥怎麼會不管用呢，你是不是以前抗生素用多了？」

他說：「我很少吃抗生素，這次可能是意外，沒事的，打完點滴就好了。」

又隔一會兒，她小心翼翼的問：「我會不會打擾你？你會不會嫌我煩？」

他說：「我就想安安靜靜的待一會兒，妳怎麼一個勁兒的問我問題？我告訴過妳了嗓子很痛，可妳還是沒完沒了，妳怎麼這麼不懂事呢？」

她忍著委屈說：「那不吵你了，你好好休息。」

其實那天晚上她腸胃炎犯了，發低燒。她輕描淡寫的說自己拉肚子，但他沒放在心上，覺得自己偶爾也拉肚子，不算什麼大事。

聽說他要打點滴，她頓時忘了自己也難受，滿腦子都是該怎麼辦，可他竟然指責她，這讓她很難過。明明不是自己不懂事，而是不清楚對方現在的狀況如何，才關心則亂的。

而他嗓子疼，強忍了一天，白天沒有說自己多難受，是不想讓她擔心，但情緒積攢到一定程度，晚上還是爆發了。

其實他們各有各的委屈，錯就錯在沒意識到對方的需求，沒有用對方喜歡的方式表示關懷，結果吃力不討好。這都不值得難過和抱怨，甚至放棄一段感情，他們倆缺乏的是溝通和理解。要想好好經營一段感情，應該試著融入對方的心，那才是真正的溫柔。

在愛情這條路上，我們都在學習，即便成績一直很差，曾想放棄，也依然堅持等待最終考試結果，並在心裡默念：「碰碰運氣吧，老天保佑，萬一能考過呢！」

然而，又有幾個人靠運氣考出好成績？就像你遇見了優秀的人，如果沒有能力抓住對方，就是有緣無分。學不會理解、體諒、寬容，也學不會融洽相處……對你來說，愛情這道題就是無解的。

我很欣賞我父母現在的相處狀態。更年期的媽媽時常會嘮叨、數落老爸「怎麼一件小事都做不好」，老爸就一邊笑著不回嘴，一邊繼續做著手頭的事。

有時老爸用電腦看節目，正在興頭上，老媽睏了，說一聲「睡覺吧」，老爸就乖乖的關電腦。老爸並不是沒脾氣，他跟我說，他不想跟我媽計較，尤其我媽更年期情緒不穩定，讓著她一些，讓她發洩出來更好。

再好的兩口子也會有離婚的念頭，再好的感情也曾紅過臉、吵過架、鬧過彆扭。不過沒關係，這都不算什麼，你在這件事上禮讓三分，他就會在那件事情上為你多考慮一些，這就是相敬如賓，這樣才能長長久久。

男女之間無法做到事事都理解對方，不理解也沒關係，少計較，多寬容，易地而處，有愛就別輕言放棄。

有好感，司空見慣，能夠相親相愛，才真正難得。

7／人生有三好，你總得抓住一樣

有的女孩，長得不漂亮、做事不聰明、沒什麼特長，各方面都比較平庸，妳覺得自己處處比她強，可追求她的人，比追求妳的人多得多，最後嫁得早、嫁得好，看上去很幸福。妳卻一直單身，很難找到合適的人。

有的男生，從小到大調皮搗蛋、相貌平平、學習成績差，步入社會後也是吊兒郎當、沒有上進心，但他身邊不乏女生照顧他。多年不見，他娶了一個看上去很不錯的媳婦，而你還在以打拚事業為由，說不著急，先立業後成家。可事實上，你一直沒停止過尋找另一半，只是還沒有找到你想要的。

這兩種情況中的後者，在別人眼裡叫眼光高。也許他們會反駁：「我眼光真的不高啊！」但很難找到另一半卻是事實。

我認識的優質男生和女生，都在嘴上說對伴侶的要求並不高，可人的心理需求會形成一種氣場，這種氣場於無形中會震懾別人，排斥與自己品位相差較大的那部分人。於是，人們認為他們高高在上、難以接觸，很有自知之明的跟他們保持距離，不敢有非分之想，就算他們說自己要求不高也沒人信。

所謂的要求不高，男人對女人的要求通常是「溫柔就好」，結果溫柔具備了，接著又挑外貌、身材、思想，還要上得了廳堂、下得了廚房，再從智商挑到情商。女人對男人的要求通常是「對我好就行」，但就算遇到對她百依百順的男人，她還會在意對方的身高、工作、存款，以及浪漫程度。

與其說人總是不知足，不如說一開始你就不清楚自己想要什麼，所謂大眾的審美，也許並不是你渴求的。

經常會有這樣的現象：你一直有一套自己的審美標準，也一直按照這個標準尋找對象。

有一天，你遇到一個人，這個人並不符合你之前的標準，但是很吸引你，甚至這種吸引的魔力能讓你推倒之前的標準，重新為這個人而定，你會覺得，這樣也很好啊！你無法用一些關鍵字來形容對方，可那種感覺是對的：難道這就是真愛嗎？

我們總在期盼真愛，但什麼才是真愛？有一天，我反覆聽了兩首歌，一首是蔡健雅的〈True Love〉，另外一首是李榮浩的〈老伴〉，裡面分別有這樣的歌詞：「每個人都期待下次遇到真愛，才放棄得比珍惜還快……一直到有一天彼此懷念時才明白。」「我要找的一種感覺叫屬於……陪我美麗的老去。」

如今的社會節奏太快，學業剛結束就忙著找工作，工作還沒穩定家人就催著找對象，還沒跟對象相處多久就急著結婚。在這個過程中，我們不怕傷心難過，就怕沒時間，怕錯的人耽誤了自己的時間。遇到一點矛盾就覺得對方不合適，趕緊放棄，尋找下一個目標，可是下一個真的好嗎？

你也知道，每個人都有優缺點。對方的優點真的是你最欣賞、最需要的嗎？是獨一無二的嗎？對方的缺點真的是無法改善？你可以嘗試去接受嗎？對方的優點可以讓你忽略對方的缺點嗎？

這個世界上，終會有人愛你愛到深入骨髓，讓你感到踏實，讓你有歸屬感。在你人生中最低潮、最失敗、最無助的時刻，如果有一個人對你不離不棄，全心全意的陪伴你、幫助你，那麼這個人就值得你去愛和珍惜。就算這個人身上有些小缺點、小毛病，你也該笑著接納，就算未來的路再漫長、再艱辛，也值得愛下去。

我一直認為，好的興趣、好的工作、好的愛人，至少應該擁有一樣，才不至於在漫長的人生中感到無趣、空虛、寂寞。好的興趣能使人充滿活力、富有情趣；好的工作讓人積極樂觀、銳意進取；好的愛人則令人幸福甜蜜、心滿意足。

其實，**好的興趣在於自己培養；好的工作在於試錯和拚搏；而好的愛人一半靠運氣，一半看你能否抓得住。**

8

承諾與付出都是有期限的

我曾參加同事兒子的婚禮，新郎個子挺高，新娘皮膚很白，兩個人的相貌一般，是一對再普通不過的新人，並不奪人眼球。

起初，新娘走向新郎時，我悄悄問旁邊的姐姐，流程不是新娘挽著父親的胳膊，然後父親把新娘的手放到新郎的手中嗎？

姐姐說，新娘的父母很早就離異了，她一直跟著母親生活。

當新娘和新郎深情對望時，旁邊的兩個女同事趕忙低下頭找衛生紙，她們被感動哭了。她們一個三十歲出頭，一個五十歲出頭，早已是過來人。大概正是因為曾親身經歷過那一時刻，眼前的情景使她們想起了自己吧！

很多眼淚都有很強的代入感，看似毫無瓜葛，實則緊密相關。

其實我淚點很低，但在這場婚禮中竟然絲毫不被觸動，大概是因為我未曾站在臺上，不是此事的女主角。

現在很多人舉辦婚禮無非走個形式：戀愛、同居、訂婚、領證、辦婚禮、懷孕，就算打亂順序，隨便哪一個先拎出來都不稀奇。

那天聽幾個男生閒聊，其中一個說，現在奉子成婚多正常啊！是啊，正常到藝人們剛宣布結婚，媒體就天天跟拍女方，小腹是不是凸了？有沒有穿寬鬆的衣服？穿平底鞋了嗎？旁觀者們也紛紛猜測其是不是懷孕了。

一定是！不然怎麼會著急結婚？

結婚的意義早就失去了初衷，大家都跟風、隨波逐流，然而順序一旦亂了，不是每個人都能把握好的。

一對新婚夫婦在深圳工作，一年前就登記結婚、買了房子，只是因為工作太忙，婚禮拖到了現在才辦。這種形式早就脫離了古代洞房花燭夜的激動，反倒像排練，劇本是提前設定好的，臺詞對過了，然後定在了某天公映。而對於我們這些無關緊要的人來說，更像是看一場大同小異的表演，參加的次數多了，哪還有什麼感動可言。

聽說，這對夫妻原本不想舉辦婚禮，只想準備旅行結婚（按：兩個人或帶上近親好友，一起到一個遠離城市喧囂的地方，在旅行的過程中，舉行婚禮儀式），奈何父母強烈要求，兩口子才特地跑回家來撐場子。說白了，他們倆只是欠世俗一場婚禮罷了。

然而，新郎在臺上的一句話引起了我的注意，他對新娘說：「這是我十年前給妳的承諾，十年後，我兌現了自己的承諾。」

台下一片譁然，不到三十歲的年紀，十年的戀愛長跑，太不容易了！

的確不容易，兩個人是同學，高中時談戀愛，雙方父母得知後，用盡了各種方法拆散他們，可是沒成功。後來兩個人考去同一座城市上大學，在結束了四年的異校戀後，又一起去深圳發展，直到去年領證。

女孩一邊聽著男孩的表白，一邊擦眼淚，男孩的聲音也有些顫抖。我想，任何一個女人，只有站在那個位置上才能真切的感受到那一刻的莊嚴和神聖，也正是因為眼前的這個人是陪伴了她十年、不離不棄走到今天才修成正果的人，這份堅定才更顯得來之不易。

我笑著說：「原來早一點戀愛也不一定是件壞事，只是你的愛情比別人來得稍微早了一些。」

喜歡一個人很容易，但能真正相愛、懂得相處的人卻不多。

大多數初戀，不過是在青春期時把讀書之餘的精力放在異性身上，接觸多了，就喜歡上了這種奇妙而懵懂的感覺。

一眼定終身的感情很難得，這種十年後兌現承諾的人更是少之又少。

我媽說過一句話，談戀愛不要談太久，久而久之激情漸退，兩人同居之後，除了沒有要孩子的打算，跟婚後生活沒什麼兩樣。這麼拖下去，女人耗不起，男人想結婚的欲望也不再強烈了。

事實上，大多不得善終的愛情都是如此，也曾怦然心動，也曾有激情燃燒的歲月，可是為什麼後來散的散、分的分呢？並不是眼前的這個人不可靠，因為他不管多麼不可靠，如果妳不要他了，他也會跟別人結婚，婚後一樣愛老婆、疼老婆，本本分分的過日子。

後來我總結，**愛情中很重要的一點，就是掌握時間火候**。那些山盟海誓、甜言蜜語，不是在逗妳玩，也不是在騙妳，他當初確實把一顆真心都給了妳，由衷的願意為妳做任何事，甚至說離開妳活不了，會終身不娶。只不過，一旦分手了，等治好了愛情的傷，他還是該吃的吃、該喝的喝、該玩的玩、該談的談、該娶的娶，一樣活得滋潤。

我曾聽過一對情侶的故事。熱戀期間，身處異地的他信誓旦旦的對她說：「要不我辭職吧，去妳那邊找工作，不管做什麼。妳要相信我的能力，只要有妳在，一切都不是問題。」

他在北京念大學，這幾年積攢下來的資源也在北京，但他願意為她離開北京。而她感動歸感動，卻捨不得讓他犧牲這麼多。於是跟他說，再等等吧，從長計議。

一年以後，兩個人從熱戀期步入平淡期，他絕口不再提去找她，相反，三番兩次的叫她來北京，說給她安排好了一份工作。她質問他為什麼前後反差這麼大，他說：「當初我想離開北京去找妳，妳沒同意。現在我已經適應了北京這邊的生活，真的沒勇氣說走就走了。」

在那段時間裡，如果他願意為妳付出一切，願意毫無保留的對妳好，恰好妳也正有此意，請妳一定不要輕易拒絕，想牽手就牽手，想結婚就結婚，因為一旦錯失機會，妳可能會等很久，甚至再也等不到了。

有人說，如果結婚後才發現對方有種種缺點，豈不是來不及了？我說，對於大多數人而言，結婚是一種契約關係，彼此都要對另一半忠誠，畢竟離婚跟分手是兩個概念，責任感越強，感情變質的概率越低。

我的資料夾裡有很多半成品文章，都是有感而發時的「傑作」，有的剛寫了一個開頭或寫了一半，臨時有事就暫時擱置了，後來想繼續寫，卻怎麼也找不到感覺，只好作罷。現在我養成了一個習慣，一有靈感，立刻記下來，寫作時一氣呵成，哪怕有些語病和邏輯錯誤，寫完還可以潤色修改嘛。

愛情也是一樣，承諾與付出都是有期限的，就像此時我手邊的咖啡，要趁熱喝，涼了就酸了，不好喝。

第五章

說給你聽的情話

1／千般好，萬般好，不如你好

人們都說，如果你喜歡一個人，且先看看其家庭。如果對方是女生，你就看看她的母親，如果對方是男生，且看看他的父親。

在《紅樓夢》中，薛姨媽以「慈」著稱，言談舉止得體，一副笑面虎的樣子，看得多，說得少，看穿卻不說破，不得罪人，不談是非。而女兒薛寶釵也被言傳身教，成了薛姨媽升級版，同樣溫柔、賢慧，深藏不露。

中國電視劇中，那些潑婦都有一個不講理的媽，她們在背後指導女兒如何占便宜、不吃虧。在三觀形成期間，你和什麼樣的人在一起生活，性情、習性都會有所影響。記得看《爸爸回來了》，醫生囑咐演員賈乃亮說：「甜馨（賈乃亮的女兒）

長大了，一定要注意你的言談舉止，這會影響到她。」

剛來到這個世界，一切都是新鮮的，我們不知道什麼是對的，什麼是錯的，慢慢的我們學會了走路，學會用筷子或叉子吃飯，又慢慢的知道了要上學、談戀愛、結婚。

有一次，記者問演員孫紅雷一個關於娛樂圈的祕密，孫紅雷說：「我的家教不允許我回答這個問題。」所謂的家教，就是家長的言傳身教，大到為人處世，小到擠牙膏的習慣。

我念大學時，別人的生活費都是家裡一個月給一次，我是每學期交完學費後，剩下一部分錢存在帳戶裡，每次回家自帶幾百元的零用錢，到年底帳戶裡還有剩餘。我爸媽從不過問我的開銷，因為他們知道我不會亂花錢。我心裡有數，該花的花，能省的省，東西買性價比最高的，買了絕不浪費，因為每每想到媽媽的勤儉，我就不忍心揮霍。

媽媽很孝順，每個星期都去看外公和外婆，還帶好吃的東西給他們，我也幾乎保持每天都跟媽媽聯繫一次，每次回家都給她買禮物。

當然，在愛情中，你就不會那麼理智了。縱使對方有那麼多缺點，你依然願意和這個人在一起，堅信對方能改，堅信你能適應。即便不知道明天會如何，你也會珍惜和對方在一起的每分每秒，不計後果，這就是愛情最大的魅力。

我小時候不喜歡薛寶釵，覺得她的城府特別深，有著超乎同齡人的成熟和沉穩，著實不可愛。而今看來，她既有吟詩作賦之才，又有持家主持之能，古往今來，都算得上一等一的佳人。她稱得上賢妻，可是寶玉偏偏不愛她。她既不是王熙鳳那樣潑辣的女強人，也不是林黛玉那種會撒嬌的小女人，她過於冷靜、克制、理性，遵循三從四德。她熱衷於「仕途經濟」，勸寶玉去會會做官的人，被寶玉背地裡斥之為「混帳話」。她還勸寶玉要好好讀書，要學習如何處世，奈何寶玉聽不進，甩袖而去。

男人不喜歡被說教、被嘮叨，他們需要被依靠、被稱讚。黛玉可以和寶玉共讀《西廂記》，陪他說笑打鬧，一起痴痴呆呆。直到看到寶玉被賈政暴打之後，才哭著說：「你從此可都改了罷！」

女子的美貌、才學、家境、性格，似乎都比不上投緣和相知，一輩子那麼長，不就是找一個聊得來的伴兒相互攙扶，嘗遍人生種種滋味嗎？
所以說，千般好，萬般好，都不如你對我好。

2/

不管有多難，也要護你周全

有一天跟朋友吃飯，她接到一個電話，她姨媽打來的。接著，她跟我講述了她姨媽有多命苦：丈夫幾年前得癌症去世了，當年為了讓丈夫看病，除了賣房子，還借了很多錢，現在居無定所，一個人硬扛著還債。

當年大家都勸她：「算了吧，癌症治不好，花多少錢都是白搭。妳得考慮自己的將來，妳現在這麼傻，以後怎麼辦？」

但她不管不顧，一意孤行，賣了房子，又跟手頭寬裕的親戚朋友借錢，陪丈夫到處尋醫治病。一年以後，丈夫還是走了。

好多年過去了，她的家人還時不時提起當年的事情，罵她傻、活該，現在可好，一把年紀了，什麼都沒有，想再婚都難。

我問朋友：「妳也認為她這麼做不對嗎？」

她說：「姨媽就是傻，直到現在還不後悔。」

我問：「妳的意思是，姨丈得了癌症，就不治了？」

她說：「當然，那是一個無底洞啊，得了絕症早晚都是要走的。為了讓姨丈多活一年半載，姨媽把自己的後路都堵死了，太不值得了。」

我問她：「換作是妳，妳怎麼辦？放棄嗎？」

她點頭。

我又問：「如果妳父母身患重病，你也不救嗎？」

她想都沒想就回答：「救啊！就算傾家蕩產也在所不惜，他們有養育之恩。」

我再問：「妳有很愛很愛過一個人嗎？」

她說：「還沒談過戀愛。」

我笑了。旁觀者總是分外瀟灑，可以理性、條理清晰的說教，不痛不癢，而換在自己身上時，也會不知所措，變成一筆糊塗賬。

世界上沒有真正的感同身受，有的只是冷暖自知。你沒深入經歷一遍，只是靠一點想像就說是換位思考，然後站在道德的制高點指指點點，這本身就很不道德。

比如搬家這件事，早在一個月前就做好了準備，可看著眼前打包好的東西，關上房門的那一刻，老房子仿佛變成了老情人，沒有瀟灑和解脫，反而是無盡的不捨，後來只能在無數次魂牽夢繞中回到那裡。

一件事情的發生，就像櫥窗裡的衣服，擺在那裡是一個樣子，穿在模特身上是另一個樣子，自己試穿又是一個樣子，終究是如人飲水，冷暖自知。

有一天晚上，聽一個女孩跟一群人聊起自己的母親。很多年前，她的父親因絕症去世，是母親一個人撐起了這個家，養育孩子，照顧老人。

當年父親離開之前，母親也是傾家蕩產救治父親，花很多錢拜託國外的朋友買最貴、最好的藥。相反的是，家人並沒有反對，因為一家人相親相愛、同舟共濟。

電視劇裡的劇情經常這樣演繹：得了絕症的人想得明白，怕拖累家人，怕自己有一天走了，把殘局留給至親，怕把他們拖垮了，於是長痛不如短痛，拔掉輸氧管。可這時候，家人死也不同意，不願眼睜睜看著對方離去。對於家人來說，就算對方躺在那裡，只有呼吸，也是他們的精神支撐。這是一種希望，即便這種希望非常渺茫，他們也要堅守到最後。

以前我認為這是煽情，但生活中很多人就是這樣。明明知道什麼是浪費時間，卻依然願意跟某人虛度時光；明明知道那樣做不理智、不明智，卻還要奮不顧身。即使結局早已註定，很多人還是願意去嘗試，相信會有奇跡，不肯放手。

這絕不是他們真的傻，而是愛到一定程度就會昇華，那已經不再是一時衝動、心跳加速，是久伴成了依靠，是不管多麼難、多麼苦，也要拚盡全力守護你，無論如何都不會放棄，就算傾家蕩產也要留住你，哪怕只有一年、一個月、一天、一分、一秒。

3／你這麼優秀，一定有很多人追吧？

我經常聽到的兩句話是：「妳這麼優秀，追妳的人一定不少吧？」「妳條件這麼好還單身，一定很挑吧？」

一開始我覺得自己確實是這樣的。身邊的女孩一個個都找到了歸宿，有的連孩子都生了，而我始終還是單身。

我以為這是我個人的問題，但是後來發現，像我這樣的人有很多。可能在別人眼裡很優秀，但就是結不了婚。

某天深夜，一個很久沒聯繫的異性朋友對我說：「唯獨妳，符合了我對理想伴侶的所有幻想。」

我暗自祈禱，快來追我，千萬別猶豫啊！

他又說：「如果有下輩子，我一定會奮不顧身的追求妳。」

我躺在床上一邊敷面膜一邊翻白眼，心想：大家都是單身，你大半夜信誓旦旦的跟我聊下半輩子的事，還不如說一句「多年後，妳若未嫁，我若未娶，我們就在一起吧」來得實在。

看我沒回覆，他又淡淡的說了一句：「這輩子，妳是不會看上我的。」

我想，這是今晚你說的最有營養的一句話了。

我認識一個女孩，長得很有氣質，是那種在人群中一眼就能被看到的美人。她畢業後直接進了世界五百強企業，一邊工作一邊跟朋友創業，隨隨便便幫雜誌寫幾篇稿子，掙的錢就相當於普通女孩一個月的薪水，偶爾還去電視臺客串嘉賓。

她家布置得井井有條、整齊乾淨，跟五星級酒店似的。她還有一手好廚藝，但這麼一個上得了廳堂，下得了廚房的好女孩，快三十歲了，還是單身。

周圍的人紛紛對她展開聯想及猜測：要麼就是太忙了，沒空談戀愛；要麼就是要求太高、太挑剔。

她跟我訴苦說：「冤枉啊，不是不想談，也不是沒時間談，而是根本沒人追。」很多女孩跟她一樣，潛意識裡有一個觀念，就是被動的等待，等待異性先開口，然後展開一段戀情。

前陣子有人幫忙介紹一個對象，但女孩跟對方互加了微信好友後，兩個人始終沒說過話。

過了一陣子，介紹人問她：「你和那個男生相處得怎麼樣？」

她說：「加了微信，但是男生連個招呼都沒打過。」

介紹人詫異：「不應該啊！據我了解，他不是這樣的人啊！」

她打趣道：「難道是因為看了我微信朋友圈裡的個人照，他沒看上我？」

介紹人當即給那個男生打電話，問怎麼回事。

男生解釋，加了女孩的微信，先看了她的微信朋友圈，發現這個女孩條件太好了，這麼優秀怎麼會看得上他？想一想，還是算了，配不上人家，就別自取其辱了，於是不敢說話。

這個理由好荒謬，但仔細想想，也不是沒有道理。

男人需要自信，可是太優秀的女人往往會打擊他的自信。男人怕自己不夠優秀，無法給她幸福和她想要的，索性不去招惹，遠遠的看著就好。

她苦笑：「我現在很怕別人叫我『女神』。每當有異性叫我女神時，就心想，壞了，我跟這個人沒戲了。」

我的異性朋友很少，凡是有女朋友的，我都盡量避嫌。有一次找到一個男生幫忙，得知他有女朋友後，我說：「不麻煩你了，我找別人來幫忙發資訊，別讓你女朋友誤會。」

他說：「沒關係，我女朋友也知道妳，妳是女神，女神是高高在上的，不可能有誤會。」

我真是哭笑不得。

在很多人眼裡，女神是光芒四射的，應該有很多隨時候命的愛慕者，以及曲折的過去和難以言說的往事。事實上，她可能只是一個沒有故事的女生。

你覺得自己太普通，配不上她，所以不去追；你認為她要求高，不缺男人，所以不敢追。最後，只有時間在追她。

太優秀的女人就像奢侈品，雖然人人都想擁有，可是太貴了，買不起，只好繞著走。

就算女神有心，對方也會連忙後退幾步說：「別開玩笑了，我望塵莫及。」

前陣子我加入了一個廣播劇社，有個男生沒幾天就把一個女編劇「拐走」了，兩個人雙雙退社。

我好奇的問管理員，兩個不相關的人是怎麼好上的？

管理員說，其實很簡單，對方一開始會試探性的聊天，你要有心，順著聊，不終結話題也不說再見，第二天就不一樣了。

總結成四個字，就是：示好、示弱。

普通女孩沒什麼負擔，會柔軟許多，男人也容易靠近。普通女孩追起男人來，一個眼神就夠了，給臺階就下，順著竿就爬。

但是大多數條件優越的女孩不肯放低身段，尤其是年輕時，會因為有資本而選擇被動等待，礙於面子而繃著，高傲而不肯低頭。

等到年紀大了，想主動，恐怕也沒精力了。別人更會認為你單身是因為太挑剔，從而不敢靠近你。

所以，「愛上一匹野馬，可惜我的家裡沒有草原」，以及「才不是一個沒有故事的女同學」都是誤會。

4

堅實而沉默的浪漫

在八五後和九〇後相繼走上相親之路的今日，我想起了外公和外婆，他們是那個年代少有的自由戀愛，由同學到戀人再到相濡以沫的老伴，在這段感情裡，最令人不解和羨慕的當屬外婆的勇敢。

外婆說，當時家裡介紹對象，她不喜歡、不同意，堅持要自己找，於是寫信給我外公表白。

高考時，外公以當地最優異的成績落榜，原因是我外公家庭出身不好，子女不能念大學。而外婆被保送讀了護校，畢業後分配到了省重點醫院。

為了外公，外婆毅然決然的放棄穩定且待遇好的工作，放棄大城市的生活，前往外公在的城市，從護士到護士長，最後成為全縣最出色的麻醉師，跟外公一大家子生活，其樂融融。

當時外婆的同事好奇的問：「究竟是一個什麼樣的人，能讓妳放棄這一切？」外婆說：「不能上大學對他的打擊已經很大了，我再離開，他可怎麼辦呢？」

這麼多年來，我從未聽過外婆抱怨外公。媽媽不止一次的問外婆後悔過嗎？每次外婆都搖頭，斬釘截鐵的說不後悔，還像個孩子似的不解的問，為什麼後悔？

每一次去外婆家，外公都會跟我們講過去的事。這些事，我已經聽煩了，媽媽也是一邊應付著，一邊走神想自己的事，舅舅的眼睛也一直沒離開電視，表妹則是全神貫注的玩手機，只有外婆帶著笑容認真的聽，很配合的提問和回答。只要有外婆在，外公的講述絕不會成為無趣的自言自語。

幾年前，外公心臟不好，做支架，裝心律調節器，都是外婆坐長途車陪他去醫院。而這兩年外婆的身體每況愈下，先是腦萎縮，手不聽使喚的抖，再後來是焦慮症，身體忽冷忽熱，記憶力差。

於是，輪到外公陪她去住院治療，經過三番兩次的折騰，外婆的病卻絲毫沒有好轉，時而糊塗，時而說話顛三倒四，外公為此不停的唉聲嘆氣。

外婆尚且需要人照顧，外公的痛風又犯了，手疼得厲害，以至於愁上加愁，時常坐在沙發上偷偷抹眼淚。外婆看到外公變成這樣，竟然不糊塗了，拍拍他的肩膀說：「沒事的，過幾天就不疼了，就好了。」外婆還說：「等我好了，你就去打麻將吧！」外公說：「以後我不打麻將了，哪兒也不去，就在家陪妳。」七十多歲的外婆像一隻雀躍的小鳥，伸出雙手捧著外公的臉微笑。

自從外婆生病後，外公幾乎寸步不離的陪伴她。以前外公天天上午打麻將，下午偶爾出去溜達溜達，如今只剩下給外婆跑腿買藥了。我們多少人陪在外婆身邊，都不及外公能令她踏實，她有什麼事只習慣跟外公說。在她的心裡，外公是萬能的，絕不是我們眼中弓著腰、行動遲緩、滿頭白髮，讓人操心惦記的老人。

舅舅說：「媽對爸的崇拜是絕對的，一輩子都沒變。」

外婆說：「你外公可聰明啦，那些事一件不落，記得清清楚楚！」

其實，外公只會對兒女好，不會疼人，更別提浪漫了。他一輩子省吃儉用，把錢攢下來給兒女。兩個人金婚（按：結婚五十週年）都是在家隨便吃點，偷著過的。他也沒給外婆送過什麼禮物，製造過什麼驚喜，都是實實在在的過日子。可是外婆從來不羨慕別人，更不抱怨外公，她享受這樣的生活，一直樂在其中。

浪漫究竟是什麼呢？

情人節前幾天，我在微信群裡見到一個小女孩在花店裡買了一大束花，說希望大家都能在情人節收到花。另外一個小女孩說，真幸福、真羨慕。

媽媽跟我說，她在微信朋友圈看到一個故事：一個石油工人帶著女朋友逛街，女朋友要進手機店看新款手機，他就帶她進去。看了好久好久，他就一直陪著她，女朋友最後忍不住問：「你為什麼不給我買呢？」他說：「愛一個人不是看他給妳買了什麼，而是看他肯不肯花時間陪妳。」

這句話乍一聽很有道理，就像某女藝人做客《十二道鋒味》節目，謝霆鋒為她準備了其最愛吃的火鍋，她滿意的借題發揮說：「看一個男人愛不愛妳，就看他捨不捨得為妳花心思，而時間對一個人而言最寶貴，捨得花時間和心思的人，一定是愛妳的。」

這些話都沒錯，只是缺一個前提。如果是一個有錢人，他每天都有上百萬元進賬，但是他不給妳買別墅，不給妳信用卡，而是願意停下來，把時間用來陪妳，這是真愛；如果是一個沒錢的人，他有大把的時間陪妳，但他還是把時間用在了工作上，因為他想儘快攢一筆錢，買一份貴重的禮物給妳，這也是真愛。真愛不是你有什麼給什麼，而是就算沒有，你也願意為她爭取。

而浪漫呢？有人喜歡鮮花、燭光晚餐，有人喜歡坐在草坪上看星星，有人喜歡一個接一個的小驚喜，還有的人，像我的外公和外婆，一輩子小吵小鬧、不離不棄，一路走來，孩子大了，頭髮白了，風風雨雨中相互扶持，不准任何一方掉隊。他們最初的情懷還在，依然彼此欣賞，而那些從沒說出口的承諾，一直在堅守著。

對他而言，她永遠是他最真誠的聽眾。對她而言，他永遠是她最堅實的臂彎。

正是有這樣一份情懷，它堅實有力，兩個人才守得住時間，耐得住寂寞，夫復何求呢？

5／婚姻也是人情的往來

有個朋友問我：「妳說，為什麼現在好多女人都在說老公對自己多好，炫耀自己什麼都不會，不會做飯、不會做家務，只需要一心一意愛老公就行，難道一心一意不是應該的嗎？」

我打趣道：「對於這種女人而言，她老公無條件的對她好，是理所應當的。你不能要求每個人的思想境界都與自己保持一致，所以我們只能選擇一個思維方式相似的人在一起。」

他繼續問我：「這種女人有的都快三十歲了，還整天這麼想，不幼稚嗎？」

我說：「三觀基本都定型了，人人都會有錯誤的判斷、不成熟的理解。有的女人懂得反思，該改的改，這是成長；有的女人不懂得思考，自以為是的一直堅持下去，四十歲、五十歲依然如此。有意思的是，後者依然能找到一個終身伴侶，得到她想要的依靠和寵溺。」

他說：「我覺得這樣的婚姻生活是沒辦法長久的，誰都有膩煩的一天，誰天生也不欠誰的，誰甘願一輩子都遷就對方呢？」

這種女人確實不在少數，她們總是無休止的要求男人，很多事情自己卻做不到、做不好。家家有本難念的經，她們自以為強硬起來就成了家裡的一把手，完全不顧及婆媳關係，在外面也不給老公面子，整天作威作福，錯把容忍當成愛。

一天中午，我在長途汽車上聽兩個中年女人聊天，其中一個女人說到她的一個男性朋友，她叫他大哥，他人在上海，是主管職，平時的收入悉數交給老婆。

前段時間，男人的母親病重，男人和弟妹都在籌錢，等到最後一次手術，還差三萬元，可是男人的老婆說什麼也不同意拿錢。男人絕望的對這個女人說：「我媽在手術臺上下不來，急需三萬元，可是妳嫂子怎麼也不肯拿出來，妳能幫幫我嗎？」女人說：「大哥你放心，我十分鐘內匯錢給你。」後來這個男人和他老婆離婚了，因為老婆讓他徹底心寒了。

車上的另一個女人說：「這叫沒遠見，守著錢丟了丈夫，因為三萬元丟了財神爺，有些女人說近了是捨大求小，說遠了是真不懂人情世故。」

的確，有些女人特別愛吃醋，無論是誰，凡是她看不慣的，都會從心裡湧出來一股酸味兒。

有個經典的情感問答是：「我和你媽同時掉入河裡，你會先救誰？」有的男人回答：「當然是妳，因為和我過一輩子的是妳，雖然這麼做會內疚。」

換作是我，我會一笑而過，因為即使他回答的是媽媽，我也不會難過，哺育之恩應該由夫妻一起報答，不分你我。妳愛他，他的父母也愛他，妳怎麼可以不孝敬他的父母呢？

很少有婆婆天生鐵石心腸，剛見面就把妳當作仇人，只要將心比心，把她當成自己的親人，你老公也會感激妳。即使妳做不到感恩，也不至於讓人心寒。

所謂**包容，不是容忍，而是站在對方的角度為他著想**。說到底，一切都是人情的往來，親戚長時間不互動會生疏，朋友長時間不聯繫會遺忘，情侶之間不常溝通也會產生隔閡。

很多女人覺得老公能包容自己的所有缺點，不在意自己的無理取鬧，這才是真愛。的確，可是一輩子的事非要用幾件事來證明嗎？讓對方活得那麼累，這對你們的感情一點兒好處都沒有。

以前熊先生為了討好我，苦心鑽研做飯。有一次試著做了我最愛的豆角燉排骨，自信滿滿的端給我看。我一看，這哪是豆角燉排骨，分明是乾燉排骨，一盤子的排骨，乍一看更像是紅燒排骨，幾根豆角像蔥花一樣點綴在上面。

後來他回家還特地跟他媽媽學做菜，傳訊息給我說：「我在學做魚，以後做給妳吃。」

還有一次，他在廚房做茄子夾肉，結果差點燒了廚房。之後我說，每個人都有長處，別太勉強。至此，他暫時告別廚房，偶爾還會得意的說，其實他做菜還是很有天賦的。

文章開頭提到的那個朋友還問我：「妳不覺得女生就該做家務嗎？」

做家務不是社會分工，以前是男耕女織，男人在外面打拚，女人在家裡做些力所能及的事。很多日本太太可以不上班，把所有精力都放在照顧家庭上，成為全職太太，但是很多中國男人沒能力一個人養活全家，卻希望妻子白天在外面工作，晚上回家包攬家務，像日本女人一樣賢慧。

其實有這種大男人主義的人不在少數。女人心思細膩，做起家務來更得心應手，可是這不代表男人就可以把家務全交給女人。人笨一點，做不好沒關係，關鍵是你要有心，懂得心疼人，也願意付出。如果你們特別相愛，就會打心底裡想為對方做點什麼。不求回報的付出，只為讓這個家越來越好，你不會再討價還價，更不會覺得這不公平。

夫妻是一種拍檔關係。誰願意忙了一天，下班回到家還要買菜、做飯、洗碗、打掃？誰都想吃現成的飯菜，洗完澡後往沙發上一躺，看電視放鬆。如果雙方都不願付出，認為自己不能吃虧，把家務推給對方，那麼，日子真的沒辦法過下去。

如果把家務看作一種遊戲，妻子做飯時，丈夫在旁邊幫著擇菜、洗菜，一邊聊著天，一邊把飯做好了。妻子洗碗時，丈夫順手把髒衣服丟進洗衣機裡洗一洗。誰今天不舒服，另外一個就少些抱怨，多點關心，沒什麼大不了的。如果兩個人這一天都很累，就兩手一拍，到餐廳吃飯，這不就是生活嗎？

說到底，婚姻裡有些小爭議、小摩擦都沒關係，但不要討價還價，不要將苦難強加給一個人，而要分擔、共用、互補，使你們的生活品質有所提高。走進婚姻殿堂的那一刻，只能說明你剛剛進入人生的另一個階段，它不是終點，而是新的起點。你的角色從好朋友變成好伴侶，從此以後你身邊除了父母以外，多了一個可依靠的人，所以未來的日子，做力所能及的事，成為每一個階段最好的角色，對得起你愛的、也愛你的人。相愛已不易，何苦為難彼此？

6／我們和好吧

我曾經氣哭過我媽，儘管別人說我很孝順。

雖然我沒跟她吵架，甚至沒大聲跟她說過話，只是黑著一張臉，很煩躁的踢一腳礙事的晾衣架，但我就像一根導火索，引爆了她這些年來積壓的委屈、隱忍。

夜裡十點，她衝出門，錢包和手機都沒帶。穿著睡衣的我急忙跑下樓，硬是把她拉回來。太晚了，我擔心她。我哄著、抱著她。之後她蹲下來，哭了。那一刻我感受到她的脆弱。

我突然意識到，我總說自己敏感、缺乏安全感，可眼前的這個女人不是別人啊，她是我的媽媽，她跟我一樣，其實並沒有那麼強大，只是在我面前為母則剛。

以前有人說，我最大的缺點是不會道歉，哪怕心裡覺得萬分愧疚，也只是輕描淡寫的說一句「我知道了」，甚至還會找各種理由為自己開脫：「這件事不能怪我，我做得不好也是有原因的。」

我怕被指責、被否定，所以先發制人，不管對方是誰，哪怕是至親至愛的人。我一向以為，做錯事默默改正，心裡清楚就好，口頭上承認錯誤有什麼用。恰恰是這種自以為是，讓我看到了愛我的人眼睛裡的失望。對方多麼想從我的口中聽到誠懇的道歉，不是讓我認輸，而是讓我懂得退讓；不是怕我，而是愛我，希望我為之改變一點點。我以前不懂這些，所以現在想起很多事情，仍覺得自己當時很過分。我本可以做得更好，不是嗎？

人是會變的，走著走著，你原來認為死磕到底的事情，就不那麼重要了。那些愛的、恨的、放不下的人，現在都能雲淡風輕的提起，並且一笑而過。

我曾經覺得自己一輩子都不會改，口口聲聲說「我就這樣了，愛怎樣就怎樣」的臭脾氣，也開始變得溫和、柔軟。曾經那麼不能容忍人，不許別人犯錯的苛刻，如今也多了一份理解和寬容。

再見到曾經發誓老死不相往來的大學室友，也想笑著去擁抱，然後自嘲當年為什麼連一些芝麻綠豆的小事都要爭吵，並孩子氣的說一句：「我不生妳氣了，妳也別生我氣了，我們和好吧！」

是啊，很多事情，多年以後都能捫心自問：「多嚴重的事？」「至於嗎？」人人都有自己的偏執，你執拗的說「不」時，那些你誓死捍衛的東西真的有那麼重要嗎？那些你失去的東西，真的就毫不在乎，而且能坦然接受最壞的結果嗎？我想未必吧。

很多時候我們的承受能力並沒有那麼強，全靠自欺欺人式的硬撐，撐著撐著，你才發現早已沒有回頭路，或是錯過了末班車，只能硬著頭皮繼續往前走。

有人說，我們每天都在改變，所處的位置變了，需求也就變了。但我覺得，**所謂改變，不過是我們開始真正的了解自己，並和彆扭的自己和解了**。

我們克服困難，越過荊棘，一直往前走，但最後的敵人，往往是自己。**累的時候，請記得向彆扭的自己伸出手說：「我們和好吧！」**

7／秒回，是一種態度

閨密說，家人介紹三、四個對象給她，但最後都不了了之。

我問她，就沒有一個有感覺嗎？她說，往往還沒到有感覺，就不想跟對方聊下去了，原因是對方訊息回太慢。有的人隔十幾分鐘回一次，有的人幾個小時後才回，甚至有早上傳訊息，晚上才收到回覆。他們的理由都一樣：忙。這樣一來，閨密想了解對方都難，熱情早就被消耗掉了，哪還有心思繼續發展感情。

我深以為然。

至少我是這樣的人，如果我主動發消息，沒得到期望的回應，肯定不會主動發第二次消息。如果對方回訊息快，我也會盡量快速回覆，不管多忙，也不管身處什麼樣的外界條件，我都盡量克服。

只要我知道對方有事要跟我說，我就攥著手機，時不時按亮螢幕，看看有沒有錯過的訊息。我覺得效率高、態度好是尊重對方的表現。如果對方回覆太慢，半天也不說一句，那麼即使我聽到了訊息提示聲，我也不著急看手機，而是等忙完手頭上的事情，再不緊不慢的看訊息。因為對方給我的回饋是，他在忙，沒有什麼重要的事要急著跟我講，也沒有強烈想跟我說話的欲望。

若是處於閨密的處境——面對相親對象，那麼最直觀的印象就是，對方對你一定沒有好感，不然為什麼回得那麼慢、那麼敷衍

我發過這樣一條微博：事實上，我們都知道己所不欲，勿施於人。反之，假如你想得到某一個回應，你希望對方溫柔的善待你，你是不是該先擺出自己的態度，讓對方知道他在你這裡並不是可有可無的存在，而是占據著很重要的位置。

評論的大多是女生，在人與人之間的溝通，她們深表認同。人都是這樣，女生更是如此，處世敏感、思維發散，容易被人帶入情緒。她們通常會用一些細節來判斷，在眼前這個人心裡，自己在什麼位置，對她的態度又是怎樣的，然後決定自己

該以什麼姿態來回應。

我認識一個男孩，他對自己的認知是沒有什麼優勢，唯有一顆真誠的心。他追女孩時，怕手機提示聲小，就換成了聲音又大又長的鈴聲。他會在忙之前告訴她，要去幹什麼，等忙完了再聯繫她，有緊急情況沒來得及說，回頭也會解釋。大多數時候，他早一睜開眼就會傳「早安」給她。無論多忙，他都不會忽略她。

他不希望女孩跟異性聊天，而他自己盡可能的跟異性保持距離，當著所有同事的面說自己有女朋友了。他的手機晚上不設置靜音模式……在很多方面，他不會去要求對方要跟自己一樣，他知道他沒這個權利，但是他能做好自己，用言行表明立場和態度：我做好了，你隨意。

女孩一開始沒那麼喜歡他，但好感就是這樣一點一點建立起來的，慢慢變成了喜歡，最後愛上了他。以前那些追求她的男孩，被她一一回絕了。以前她總是我行我素，現在不管去哪裡，忙什麼事，她都會事先告訴他。

也許有的人會站出來反駁：「快速回訊息的人，通常都很閒。我們忙事業的人，哪有時間一直盯著手機。」

可是，如果你知道自己心心念念的人在等你回覆，或一個對你來說非常重要的人想跟你說話，你一定不會突然逃避或突然消失，也不會等自己忙完工作、吃完飯、洗好澡、追完劇，終於閒下來時，才慢悠悠的傳訊息給對方。忙的時候跟對方說一聲，真遇到特殊情況了回頭解釋一下，這是對對方的尊重，也是贏得對方好感的一個重要因素。

人與人之間的關係需要經營，你渴望什麼，就去爭取。即便你認為自己一無所有，也不要自卑，至少你有一顆真誠的心，有一種謙虛的態度，只要你毫不吝嗇的將它們展示給對方，對方一定能感受到。

8／世上沒有冷男，只有他暖的不是妳

有讀者跟我說，他把每個月工資交給女朋友。最近剛發完工資，想帶她吃頓好的，為了給她驚喜就沒告訴她。但因手邊還有工作沒完成，而且很餓，想自己先吃點零食墊胃。女朋友也餓了，他讓她等等，先別打擾他工作，一會兒再陪她。

結果，女朋友誤會他摳門，捨不得給她花錢。於是，不管他做什麼，女朋友都特別敏感，認為他不在乎也不夠愛她。這使他在這段感情裡很累，問我是不是該放棄了？

世界上沒有真正的感同身受，但我理解女孩子的這種情緒，我也有過，它不是性格上的缺陷，無關小氣，也並非不懂事。越在乎一個人，就越注意他表現出的種種態度。雖然只是一件小事，但是接二連三的出現誤會，沒有及時溝通解釋，她就會在心裡默默的給你記上一筆，變得更加敏感，所以才會胡思亂想。

男生總是怪女生想得太多，可是自己說出來的話、做出來的事，真的經得起推敲嗎？

以前我經常因為一些小事跟男朋友吵架，吵過了，他也解釋清楚了，我會問他：「你當初為什麼不這麼說？」他說：「都一樣，妳明白就行啊！」可是我不明白。不論是誰，腦子都沒有自動翻譯功能，不要總怪別人不理解你，也別總把什麼都推卸給誤會，先反思是不是可以改善自己的表達方式。

男生總在心裡獨自設想一百個美好的未來，想一個人承擔責任，給她驚喜，但他設想的驚喜往往是有驚無喜。比如出差提前回家沒告訴對方，結果一進家門空落落的，原來她趁你不在，跟閨密出門了。你的想法一定要及時傳達給她，讓她信任你，找到安全感。女生都渴望安全感，所以才會那麼注重形式及在乎別人的祝福，在甜言蜜語裡自我沉醉。

別總讓她等你，等你終於忙完了、有空了、有錢了，也許她已經不在你的身邊了。她可以陪你一起奮鬥跟吃苦，卻受不了獨自等待，受不了眼睜睜的看著你沉醉在自己的世界裡，根本參與不進去。如此，她怎麼有勇氣無限期的等下去？

等，這對女人來說多麼可怕，她不怕愛錯人，只怕把所有賭注都押在一個人身上，換來的卻是空歡喜一場。就連袁詠儀這樣的大美女都怕等，在跟張智霖戀愛八年後，她終於忍不住問他：「你有沒有計畫結婚啊？以前我年輕，等你幾年沒關係，但是我現在等不起了，你要是不能跟我結婚，就告訴我，別耽誤我。」張智霖說，他想再等一等，等自己事業上好一點兒，就給她一個名分。不過，他還是很快迎娶了袁詠儀。

男人總想找一個毫無怨言的伴侶，可是那樣的角色應該是妻子，並不是女朋友。在你迷茫之際，在你給不了她太多的時候，她肯留在你身邊，是因為她喜歡你、她愛你。如果你連一個證書、一個穩定的家都沒給她，怎麼好意思跟她談細水長流的生活？

關於很多聽眾、讀者的情感疑惑，區別於其他問題，我的原則是勸和不勸分。相識跟相愛需要很大的緣分和勇氣，說不定失去了這個人，茫茫人海中就再也找不到能令你心動的人，只能無奈的把草率的婚姻當作避難所。相處需要耐心、克制、責任心、妥協，這是自我修行，更是兩個人逐漸變得成熟的過程。當你能很好的把握一段感情，學會如何愛一個人、如何對一個人好，不再以自我為中心，學會照顧對方的情緒，願意放下驕傲和個性，明白了在這個人面前，面子沒那麼重要時，你和那個人才會有美好的未來。

每個人都有各自的性格特點和不同的生活習慣，不可能在所有方面都完全投契，所以兩個人相處肯定會出現這樣那樣的問題。分手並不能解決問題，它不是解脫，而是另外一段未知旅行的開始。你不知道未來會遇見一個什麼樣的人，他會不會更好，你會不會更喜歡，一切都要重新開始。也許下一個會更糟糕，甚至不再令你心動，那又何必浪費時間和精力賭在另外一個人身上呢？

我記得蘇格拉底對柏拉圖講過關於愛和婚姻的故事。

有一天，柏拉圖問蘇格拉底：「什麼是愛情？」

蘇格拉底說：「我請你穿越這片稻田，去摘一株最大的麥穗回來，但是有個規則：你不能走回頭路，而且你只能摘一次。」

許久之後，柏拉圖空著手回來了。

蘇格拉底問他怎麼空手回來了？柏拉圖說：「當我走在田間的時候，曾看到過幾株特別大、特別金黃的麥穗。可是，我總想著前面也許會有更大、更好的，所以沒摘。我繼續往前走，看到的麥穗總覺得還不如先前看到的好，所以，我最後什麼都沒摘到。」

蘇格拉底意味深長的說：「這就是愛情。」

又有一天，柏拉圖問蘇格拉底：「什麼是婚姻？」

蘇格拉底說：「你穿越這片樹林，去砍一棵最粗、最結實、最適合放在屋子裡做聖誕樹的樹，但規則是不能走回頭路，而且你只能砍一次。」

許久之後，柏拉圖帶了一棵並不粗壯但還算可以的樹回來了。

蘇格拉底問他怎麼只砍了這樣一棵樹？柏拉圖說：「當我穿越樹林的時候，看到過幾棵非常好的樹，這次，我吸取了上次摘麥穗的教訓，看到這棵樹還不錯，就選它了。我怕我不選它，就會錯過砍樹的機會空手而歸，儘管它並不是我碰見的最棒的一棵。」

這時，蘇格拉底意味深長的說：「這就是婚姻。」

愛情一定是錯過嗎？婚姻一定是將就嗎？很多人認為，一定要愛自己最喜歡的人，跟最適合的人結婚，把愛情跟婚姻分開，這才是現實和理性。可是，怎麼才算適合？

有一句話說，**世上本來沒有「冷男」，只是他暖的不是你。**

我見過一對戀人，在一起的時候不冷不熱，女生總埋怨男生不懂事、不體貼、不浪漫，後來女生因一再失望而跟他分手。然而，這個男生有了新女朋友後，他既送花又送新手機，加班回家還買好早餐給她，留下字條才去睡覺。

想要一個好的戀人，與其找一個被失敗的感情調教過的人，不如自己培養。如果對方的本質不壞，對於交往過程中那些摩擦、彆扭、誤會，不妨換一個角度和方式與對方好好溝通，多一些包容和理解。

好事多磨，好的戀人需要你付出更多的心思培養。一段感情更多的是在檢驗彼此的性格缺陷，在不甘心和捨不得之間折返，但你不一樣，你是見過愛情的人。

情歌還是老的好聽，愛人也是一樣，別輕言放棄，祝福你我。

9／給人安全感的，從來都是偏愛

朋友關注了我的微博，為了表示友好，我也關注了他。

我簡單的看了幾頁，然後八卦的問一句：「你微博裡＠過的那個女生，是你的前女友吧？」

他吃驚的問：「你怎麼知道？」

我說：「你微博裡＠過的人裡，有一個男生，還有那個女生。男生看起來是你的哥們兒，那個女生無外乎是女友。看時間差，微博是一年前發的，如今你單身，顯然是你追求過的女生，『過氣了』的女友就是前女友。」

本性驅使我又八卦的翻翻那個女生的微博，沒什麼特別之處，除了一些有關失眠、噩夢的囈語，就是轉發的雞湯文章和星座運勢。可以說，這是一個再普通不過的女生，一個毫無看點的微博。

然而，引起我注意的是，她竟然從未在微博裡提過這個男生，哪怕只是看見什麼好玩的、好吃的和他分享一下，或者生氣吵架後對他發發牢騷，甚至很少回覆他的評論。

對於一個二十多歲的女生來說，這樣的日常不正常了。

連不食人間煙火的小龍女還為情所困，心心念念的向楊過表白，假設她有微博，一言一語肯定全部與楊過有關。

於是我試探著問朋友：「她好像從來沒在公眾場合發關於你的任何狀態。」朋友說：「我也沒發布過關於她的東西，不管是QQ空間、微信朋友圈還是微博，你可以找一找，沒有一張她的照片、我們的合影，以及幸福瞬間的文字。」

所以，他就心理平衡，不覺得吃虧了？

我覺得，他們在談一場假戀愛，彼此都有尋找伴侶的需求，剛好對方出現了，就在一起了。他們想嘗試走一段路，但沒想過一定要到終點，走一步算一步，而這種需求多半是退而求其次的結果。這並不罕見，很多人都有過這樣的經歷。

他還說，其實一開始就覺得無法修成正果。父母問過他的感情狀態，只知道他有女朋友，繼續問時，他說現在還不是時候，等到認定了這個人，自然會帶她回家。現在不說、不做，是因為她還不是那個人。

這種狀態已經很明顯了，兩人並不怎麼享受戀愛的過程。而真正的感情是自發的，也許方式和方法很幼稚，但就是不由自主的向全世界分享他們的一點一滴。愛不是暗自較勁的比來比去，比誰更會嘔氣、脾氣大、看誰先妥協……你做不好，我就比你做得更差，看誰更難過？愛是自己先做好表率，有心的人自然會接收到這個訊息，並敞開心扉，成為彼此理想的優秀伴侶。

他哥兒們的女朋友幾乎在戀人的每條微博下留言，也在自己的微博裡放閃，字裡行間都是對這個人的喜愛、寵溺。有人說秀恩愛分得快，這種酸葡萄心理是因為在當今速食式的戀愛中，剛表白就愛得死去活來，一言不合就分手，分手後就刪除聯繫方式，然後馬不停蹄的找下家。說白了，無非是你還沒等到一個可以把甜蜜過成生活常態的人而已。

後來，他喜歡上另一個女孩，還未開始這段戀情，就把她介紹給每一個人，說就是她了。他無數次在電話裡對父母說，過年時要追到她，然後帶回家，追不到她，這輩子都不找了。他隔三岔五就在微信朋友圈、微博發一些關於她的消息，訪客們仿佛能從中看到他一邊打字，一邊咧嘴傻笑的模樣。

不管他和她在微信朋友圈、微博裡發布什麼，不明真相的人只當他們又在秀恩愛。他們不必大聲宣布「我們戀愛了」，也不必刻意@對方給大家看。他們在平時的生活紀錄中，無意間就營造出了甜蜜的氛圍。

愛其實是一種特例，是芸芸眾生中你認為最特別的人應該配上最特別的待遇，把自己擁有的一切都交給他，然後對其他異性拍拍手說：「不好意思，都給他了，沒有了。」

也許你會說，有的人內向，不善於表達，只好把愛默默的藏在心底，甚至鄙視秀恩愛的行為。由於性格差異，的確存在這種情況。但是，兩個互相愛慕的人，真的能做到絕口不提對方嗎？在社交平臺如此豐富的今天，處於戀愛狀態的人，怎麼可能不對外展露一些愛的痕跡呢？

你看微信朋友圈裡，那些當了媽媽的女人，隔三岔五晒孩子的照片，愛就是這樣自然的流露。我很想問問她們，婚前婚後不著痕跡的感情生活去了哪裡？只有自拍跟孩子，一度讓人不厚道的誤會，怎麼大家都活成了單身媽媽？

任何一個懷揣赤子之心的人，即便是男人也做不到感情狀態密不透風，他們也有真情流露、渴望表達的瞬間。對於女人而言，更是如此。除非雙方努力扮演著情侶角色，卻始終不夠愛對方，不管走得多近，總是欠一點火候，以為時間久了，就能培養好感情。可是事實證明，時間並不能讓感情變得更好，而是彼此慢慢的習慣了將就，「食之無味，棄之可惜」，於是半推半就的走了下去。

能讓一切變好的絕對不是時間，而是人心。

我有一個關係很要好的女同學，大一談過一次短暫的戀愛。分手兩年後，有一天晚上前男友打電話給她。兩個人聊著聊著，男生突然跑到我們宿舍樓下，但是宿舍門已經關了，樓道裡的燈也熄了。她借著手機的微光去了一樓，打開窗，兩個人就這樣隔著一扇窗聊了好久。回來時，她哭了，她說忘不了他。

的確，她手機裡一直存著他的照片，偶爾想起他便會哭泣，難過的說可惜回不去了。那時候還沒有微信，大家都在用人人網（按：中國最早的校園社交網絡平臺之一）和QQ，她的個性簽名裡滿是女生的憂愁，就連轉發的短句都是感情方面的。她從不避諱她的愛情。

後來，大家都用起了微信，她的微信朋友圈有各種自拍，有媽媽或美食的照片，只是沒有男人，我一度以為她還單身。

直到去年，她晒結婚照，我才知道她已經結婚了。照片上看不清新郎的樣子，但我隱約覺得他是一個很老實的男生，不是她喜歡的類型。

我問她：「妳不愛他，對嗎？」

她苦澀的說：「還是妳最懂我。」

她解釋說，他們是相親認識的，門當戶對，不鹹不淡的處了幾年，平時也不吵架。結婚是遲早的事，並不突然，家裡都很支持。

婚後，她沒在社交平臺上提過自己的老公。在我的印象裡，她好像還是那個未婚的女孩。她明明是一個善於表達、喜歡分享、熱衷炫耀、心事全寫在臉上，甚至還有點虛榮的女孩，會把自己熱愛的拉丁舞、甜品，以及媽媽的手藝都展現在微信朋友圈裡，唯獨那個男生，似乎並未在她的生命裡存在過。

我很難想像，究竟是什麼改變了她？也許她從未改變，只是面對的人變了。

你問問自己，是否會區別對待每一個人、每一段感情？有的人願意笑著展示自己，而有的人卻刻意回避著別人。

一個人是否在意你，以及喜歡你的程度，你是可以感知到的。

曾經有一個男生喜歡我。在圖書館裡，他偶爾叫我一聲，我應了一句，問他怎麼了。他笑著說：「沒事，就是想妳了，想聽聽妳的聲音。」或忽然抬頭，剛好與他對視，他的臉上還是熟悉的笑容，很溫暖。

我知道，那是發自內心的喜歡，不管這種喜歡帶著崇拜，還是憐愛。

不會說話的愛情，卻能在一切細節裡體現出來，無論是身在其中的人，還是旁觀者，都能感知到。而**「想得卻不可得」，大概是因為對方並沒那麼愛你。**

第六章

愛自己是一生浪漫的開始

1／因為沒了指望，你只能變得更強大

有一次，我拿著戶口名簿去補辦身分證，工作人員說：「你戶口之前遷出過，必須回出生地的派出所開戶籍證明、蓋章，再找分局局長簽字才行。」再多問一句，他就有點不耐煩了。

其實我也很煩，這已經是第二次來戶籍科了，花一個多小時排隊，浪費了一個上午，結果還是沒辦成。我跟朋友說了這事，朋友勸我說：「你煩也沒用啊！趕緊想辦法。」

煩躁確實沒用，吃過午飯，我先是給省公安廳打電話，跟工作人員說明我的情況，對方說：「由於你戶口遷出過，所以現在的檔案顯示的是消除人口狀態，你得給當地戶籍科打電話，讓他們給你重新上報一下，然後就可以補辦身分證了。」我問對方：「需要開戶籍證明嗎？」對方說：「不需要。」

我又給出生地的戶籍科打電話，工作人員幫我上報，告訴我週四查詢一下即可，但是戶籍證明還是要開的，這是當地的手續。最後，我打電話跟我媽說明情況，把戶口名簿快遞回去，讓她幫我辦戶籍證明。

朋友誇我說：「你真的跟一般女孩子不一樣，辦事能力強、效率高。」

我苦澀的笑笑，那是因為沒有指望，所以只能讓自己變得強大。

單位的印表機卡紙，我動動手就修好了。其實很簡單，關掉電源，把墨水匣拿出來，把卡進去的紙拽出來就行。可是有些小女孩都是抱著複印檔聳聳肩，嚷嚷著印表機用不了，等人來修。

家裡的櫃門掉了，我換上新合頁，和以前一樣好用；筆記型電腦藍屏開不了機，我用手機查教學，很快能修好；我還學會設置路由器，改WiFi密碼……。

身邊很多女生都找我抱大腿，滿心崇拜的問我：「妳怎麼什麼都會？妳怎麼什麼都能搞定？妳要是個男生，我就嫁給妳了。」

我說：「我沒有求人幫忙的習慣，凡自己能做到的，我都不好意思麻煩別人。尤其是自己不願意做的事情，卻要別人浪費時間替你去完成，這不厚道。」

朋友說：「其實這也很正常啊，女孩子遇到了難事，習慣性的依賴父母和男朋友，他們很愛妳，應該很願意為妳做事，不要什麼都自己扛著。」

但是，妳要想到，父母會慢慢變老，記憶力也會減退，那時候，妳就是他們的依靠。現在的妳，是否要更加努力，為未來蓄力？

妳的愛人也有要忙的事情，妳不能把一切難題都推給他，自己兩手一攤坐享其成，而應和他站在一起，把他的苦惱攬過來，共同分擔，這樣的感情才能長久。在這個快節奏的社會，努力打拚的男人壓力本就很大，倘若大大小小的事情都為另一伴操心、處理，恐怕他遲早會承受不住。

我認識一個非常漂亮的女生，從小自帶光環，名校畢業後進了電視臺，整天在社交網站上抱怨工作辛苦，有諸多不容易。後來，她在相親節目上認識了一個男生，兩個人很快結婚了。婚後，她辭掉了工作，住進了別墅，成了全職太太，生了孩子後，偶爾會開著跑車帶孩子出去玩。她在我們的視線裡消失了三年，就在我們快遺忘她時，她突然出現在各個社交網站上，還開了淘寶店，賣起了外貿尾貨。她晒孩子，秀自拍，唯獨不提丈夫，有人質疑她現在是單身母親。後來聽說，她婚後的生活並不美滿，經濟不獨立，每花一筆錢都需要老公批准，還要看公婆的臉色。於是，她自謀出路，一個人進貨、拍照、上架、打包、發貨，經常忙到後半夜。誰也想不到，曾經嬌滴滴的她，竟然變成女強人。

人們說，能擰開瓶蓋、拿得動包包、換燈泡、修馬桶，把米麵油從超市拎回家……有這些能力的女人都是女漢子。人們還說，妳適應社會的能力越強，本事越大，就越是操心的命，女人就該學著柔弱一點，因為男人喜歡被女人依賴。

哪個女人不知道這些道理呢？誰又想成為金剛芭比？即使是女強人，也是被這個社會逼出來的，她也想找一個比自己更強的男人，依偎在他懷裡。

很多人羨慕一生下來就泡在蜜罐裡的女人，她們是上天的寵兒，不管做什麼，都有人幫忙安排好；不管做錯什麼事，都有人幫忙善後，從來沒體會過絕望。可是假如有一天，這種生活意外的結束了，她們必須跟大家一樣去打拚、去奮鬥、去靠自己的時候，能吃得消嗎？能應付得過來嗎？

某戶人家，有一個姐姐，兩個弟弟。姐姐很能幹，她開了一家藥店。大弟退伍回來要找工作時，她怕他在外面過得辛苦，就讓他幫忙看管藥店，就這樣養活大弟一家人。慢慢的，大弟越來越懶，離婚後，房子給了妻子和兒子，自己無家可歸，只能寄住在姐姐家，還要看姐夫的臉色。二弟遇到難事也總是推給姐姐，五十多歲的人了，又笨又懶，好在有一個好太太，家裡家外都幫他張羅著。

姐姐疼愛兩個弟弟，但寵溺過頭，遇到什麼事都自己扛，所以弟弟們全指望著她，什麼事也不用操心，連在社會上立足的能力都減弱了。

相反，當你背井離鄉之後，一個人在陌生的城市裡打拚，沒有依靠、沒有指望，就只能逼迫自己去嘗試，去竭盡全力，獨自面對問題、解決問題。轉身之後你就會明白，這就是立足之本。

沒指望的時候會很絕望，會羨慕別人，也會抱怨自己的處境。可是有一天，當你靠著自己的雙腳走了出來，當你依仗自己的雙手得到了自己想要的，你便有足夠的底氣對這個世界說：「我能行，我什麼都不怕。」

2／吃虧要趁早

常有人私訊問我：「阿紫，妳能給大學生一些建議嗎？在複雜的人際關係中，如何少走彎路、少吃虧？」

我告訴他們，請放心大膽往前走，別縮手縮腳，年輕時要有魄力，別假裝成熟、別怕犯錯、遇到人渣或吃虧，要有年輕人該有的模樣。

不用二十幾歲就扮演一個諳於世故的人，以為這樣就可以抵擋很多來自外界的惡意。未來的路還很長，你要有長在骨子裡的堅強，而這份堅強不是從心靈雞湯裡撈出來的。

別指望著歲月靜好，你要承受的社會競爭力就是這麼激烈和殘忍。不是看一、兩篇熱門文章，就能情商提高，如何成為人生贏家，也不是靠幾個案例範本就能學會。每個人都有自己的人生，那些你認為活得通透的人，不是紙上談兵，而是經歷過很多事才明白的。

剛就業的朋友跟我發牢騷：「我怎麼會有碰到這麼多奇葩？妳的工作多好呀，從來沒聽妳抱怨過。」

我笑了：「你經歷的這些人，我大學就見識過了，女生宿舍就是一個小社會，稍有不慎就會吃釘子。」

你別不信，男生一旦有了矛盾，出去喝個酒、吃個飯就過去了，回頭該說說、該笑笑，不計前嫌。但換作女生，一言不合就可能記恨一輩子，老死不相往來。

就拿心直口快來說吧，本來是件好事，但槍打出頭鳥也是真理，所以，首先要問問自己，你能否承受心直口快帶來的後果？

我有一個室友，性格內向、孤僻。她只有一個朋友，是其他學院的學生，每天晚上她都叫這個朋友來陪自己，兩個人擠在單人床上。有一次，深夜兩點多，兩個人突然咯咯的笑，大家都被吵醒了，有人翻身、有人咳嗽、有人嘆氣，我提醒一句：「太晚了，小聲點啊！」就因為這一句話，她整整四年沒再跟我說過話，也沒理過跟我關係好的室友。

總之，後來的日子過得很彆扭，她甚至搬到了那個朋友的宿舍住。再後來，我試圖開口勸她回來，她不領情的說：「妳們天天在一起好得跟一個人似的，我能融入嗎？妳知道我朋友那個宿舍多髒、多亂嗎？我都住一個學期了，妳現在說這些，不覺得晚了嗎？」

那時候我太自以為是了，以為平時關係挺好的，只是一句提醒而已，況且還是很小聲、溫和的表達，沒帶一點指責的語氣。換作是我，頂多笑一笑說：「不好意思啊！」然後睡覺，第二天該怎麼樣就怎麼樣，不會放在心上，可這並不代表別人也這麼想。

有些人天生敏感，會把別人不同的看法當作惡意。這些人安逸平淡慣了，一旦遇到一丁點不順心，就開始胡思亂想，越想越脆弱，一顆玻璃心這麼就碎了。

我有一個閨密，常因為跟哥哥的一言不合或上司的一句指責，氣得整夜睡不著，瘋了似的到處抱怨，求別人安慰。其實這都是些小事，鬥鬥嘴而已，但她受不了別人說她一丁點不好，受不了一絲一毫的委屈。但是步入社會之後，哪能事事盡如人意？沒人會像父母一樣慣著自己。於是她開始神經衰弱，長期失眠，靠吃中藥調理。

人的性格和三觀在十幾歲時就基本定型了，越往後越難改。郭德綱說過，**一帆風順不是件好事，吃虧要趁早。**

老人常說「吃虧是福」，我們不服氣。但吃虧，不是讓你處處低頭忍讓，也不是自我安慰，而是指吃一塹，長一智。你吃過虧，才知道錯在哪裡。你見識過各種人，踩過各種坑，才知道怎麼去認識人，怎麼去辨識危險，並且全身而退。別受到傷害就一頭扎進沙子裡當鴕鳥。

直到現在，我還慶幸當初自己吃過的虧、走過的彎路，也感謝那些讓我受過的挫折、令我反思過的人，如今立足社會才更清楚什麼話能講，該怎麼講；什麼人能交，該怎麼相處。再次遇到的時候，我就可以處變不驚，然後笑一笑說：「這都沒什麼的，我早就見識過了。」

3／有你更好，沒你也可以

當一段感情結束後，時間並不能讓你徹底忘記這個人，但能幫你慢慢的走出來，作為旁觀者，重新審視當時的自己為什麼會愛上對方，相處的過程中存在哪些致命問題，以及分手這個選擇究竟是對是錯。我們不斷反思，不僅想放下已逝的感情，更想整理好自己，輕裝上陣，更好的向前走。

也許這些問題需要好幾年才想明白，而不去鑽牛角尖；也許當你遇見對的人時，你的心結會怦然解開：原來，這才是我一直想找的愛人模樣。

我看過很多藝人的訪談影片，他們大多會說自己談過很多次戀愛，曾認真過、執著過，以為很愛，卻很少考慮未來，只顧著當下，不問前程，甚至覺得結婚離自己很遠。但總會出現一個人，哪怕只是短暫的接觸，就認定對方是自己想要攜手一生的人，那是一種從未有過的信念。

人總要嘗試開始，從失敗中叩問內心：什麼才是自己真正渴望的、想要的，理想戀人的影像才會在潛意識裡越加清晰，直到碰上它真正的主人，讓你豁然開朗，感覺一切都對了。

成熟的標誌是知道自己想要什麼，適合什麼，該追求什麼，該捨棄什麼。

一個朋友失戀了，原因是相處了一段時間後，女生始終沒有心動，更多的是感動他無微不至的照顧和無時無刻的陪伴。大學畢業後，兩個人都忙於找工作。當他沒有足夠的時間和精力像從前一樣待她時，她便提出分手。

他說，因為她性格孤僻，沒什麼朋友，所以不管他忙什麼，總是提前把她安頓好，找事情給她做。在所有能陪伴她的時間裡，他都跟她在一起，但他們畢竟不能永遠停留在學生時代，想要生存，就必須騰出一部分時間來奮鬥。而她無法忍受這樣的改變，也不願和他一起想辦法克服困難。

很簡單，她依賴的是那種有人陪伴的生活，在沒有朋友的日子裡，戀人也是朋友的一種。當你無法繼續給她這種生活時，彼此的關係自然就走到了盡頭。說白了，她對他的依賴只是一種生活狀態，不只他能給她，如果有個能替代他的人出現了，那麼分手就是必然的事。

你想快速提升自己，就需要一個好的對手。感情也是一樣，你想變得越來越好，總不能一廂情願。最好的伴侶關係應是一起成長，而不是一方不停的努力和給予，維持關係，另一方卻始終站在原地不配合、不回應。如果這樣，後者很有可能愛的不是你，而是愛上愛情本身，享受戀愛的感覺，對方要的是被愛慕、呵護、照顧，至於這份感情是誰給的並不重要。

人在愛情中不可能永遠充滿激情，當自己得不到對方的回應時，會疲憊、會懷疑，甚至想放棄。這種**不成比例的付出與接納達到一定程度後**，壞情緒會越積越多，矛盾也會逐漸顯現，當你們維持已久的狀態發生改變，**這段關係也就危險了，因為你們自始至終都是不對等的**。

成年人的戀愛觀要有獨立人格，無論是精神或經濟上。

所謂的獨立人格，體現在思想、興趣愛好、工作能力、交友的圈子等方面，是既有一起娛樂的時間，也有享受獨處的機會。你的時間不需要對方來安排，在對方忙碌的時候，你也有自己的事情，不會無所事事，甚至抱怨對方陪你的時間太少。

我聽一個朋友說，他曾在網上跟一個女孩談戀愛，後來得知她現實中有男朋友。其實這樣的人很常見，在虛擬網路平臺上，甚至還有很多已婚人士，因為伴侶經常出差，忙於工作，不能陪伴自己，就想找個人打發時間，填補內心的空虛。

有個女生對這種網戀嗤之以鼻，她說，忙都忙不過來，連談一場正經戀愛的時間都沒有，怎麼可能閒得無聊去網戀。

我說，因為她是精力充沛的獨立女性，有自己的事業、社交圈、興趣愛好，而且聰明好學，積極上進。她不知道的是，還有很多人半推半就的過另外一種生活，處處依附別人，指望對方給自己填補缺失的一切，別人給什麼就要什麼。

可是，要想擁有長長久久的愛情，是需要一定的穩定因素的。你離不開我，不是因為你沒有生存能力，而是你離開我，也能照顧好自己；不是我不做飯，你就會餓死，而是我的廚藝比你好，你更愛吃我做的飯；不是你離開我，就什麼事都解決不了，處處等我善後，而是我們的思想對等、靈魂契合，遇到問題時互為智囊、共同進退。我們在一起，能讓彼此的生活品質都有所提高，日常生活也更加有趣。

經濟上的獨立，並非想著要選擇一個有一百元給妳花十元的男人，還是選一個有十元給妳花十元的男人，這根本就不是問題。

想花錢可以自己賺，不必為錢傷腦筋，更不必把錢當作擇偶的重要標準。當妳能賺錢養自己時，就會有足夠的底氣和理性去判斷，妳愛的是什麼樣的人。如此，妳就能清楚的知道，他吸引妳的地方與經濟條件無關。愛情是需要有麵包，但是誰規定麵包一定要男人去買呢？

不少年輕女孩因為一時貪圖享樂，嫌工作辛苦，一心想著以家庭為重，聽從丈夫的話做全職太太，而後，每花一筆錢都要跟丈夫要，甚至還要看婆家的臉色。直到有一天婚變，她才發現自己跟社會脫軌了，原本就不夠優秀，隨著年紀的增長，早就失去職場競爭力。

對愛情認真是好事，依賴一個人也沒錯，但你必須明白，依賴是對一個人的信任。它指的是，你是我的搭檔、戰友，不是寄生蟲；是我的生活會因為有你更好，而不是沒你不行。

4／有些路，只能自己走

朋友小Q說他跟女朋友大吵了一架，他想不明白，平時看著還不錯的一個女孩，為什麼會在大是大非面前這麼糊塗，而且總是固執己見。

他的女朋友是藝術生，專業是播音員、主持節目。她活躍，出去玩通宵甚至夜不歸宿都是常事。他不放心，告訴她：「玩得晚一點沒關係，我去接妳，送妳回去，但是妳不能玩一整夜，這樣我會擔心，妳父母也不放心。」

可是，她堅持跟朋友們全程都在一起，還義正詞嚴的說：「我的同學都是正經人，一起玩根本不會出事，若只有我提前離開，多掃興啊，還顯得自己不合群，那樣我還會有朋友嗎？」

道理講不通，一氣之下他關了手機，出去跑步發洩情緒，氣消後開機發現，收到幾條訊息。她告訴他，她已經回家了。

我說，雖然這一次她聽你的話，但不代表她認同你說的。只是因為知道你生氣了，她為了跟你好好相處而不得不妥協。

女孩子不要在外面過夜，不安全，會讓愛你的人擔心，要學會保護好自己，多一點提防。這個道理連小孩子都懂，有的人會引以為戒，但也有人抱著僥倖心理，認為對方是杞人憂天。

人在成長的過程中，性格和三觀會逐漸定型。三觀正不正，其實沒有特定的標準。所謂的正，不過是雙方恰好吻合而已。於是，我看著你順眼，你看著我舒心，遇到問題時更多的是贊同、產生共鳴、一拍即合，而不是爭論不休，誰也不理解誰、誰也看不上誰。

大家都是成年人，根本不需要說教，**每一種生活方式都有它存在的理由，只要能相安無事的走完一生就可以了。**

就像有的人認為，陪伴應該是隨時隨地，我也曾這樣認為，尤其是女生之間的友誼，彼此渴望陪伴，害怕被孤立，所以每個時段都有幾個親密好友，就連去廁所，都是挽著胳膊，互相陪著。

我們怕被人視為獨來獨往的怪物，害怕被人說另類、不合群，也害怕在喧嘩熱鬧中，只有自己蹲在寂靜的角落發呆。所以，每到一個新的環境裡，就逼迫自己積極融入人群。

後來，我不再為了隨波逐流而委屈自己。我真正意識到，成年人的陪伴並不是隨時隨地，而是一個不斷尋找交集的過程。在沒有交集的生活中，可以各自實現自己的人生價值，堅持自己的原則，保留自己的個性。

成年人，既要融入集體生活，也要學會獨立，忍受孤獨。

步入大學後，我與幾個室友一起辦了健身卡，她們多次因為天氣不好或者懶得去而放棄，只有我一個人堅持下去。在健身房鍛煉了一個月，我瘦了七、八斤，而她們還在嘟囔著要減肥。

宿舍六人中，只有我考進了廣播站（按：中國的有線廣播基層組織）。冬日裡，我躡手躡腳的關掉鬧鐘，穿衣、摺被子、洗漱，看著熟睡的室友們，輕掩上門，然後一個人走在清冷的校園裡晨讀。偶爾有幾隻麻雀停在路邊的樹，那時候我問自己，我到底在堅持什麼？

過了一陣子後，我幫室友買早餐，先去教室等她們來上課。因為早起，我反過了很充實的一天，我至今沒有放棄興趣愛好，並且獲益良多。

考試前的複習黑暗週，大家都嫌麻煩而不喜歡去圖書館。可是在宿舍裡看書，效率特別低，幾乎是背幾道題目，就開始聊天。為了克服懶惰，我只好一個人去圖書館。

那次考試，六個人之中，只有我沒掛科。

我從小就很害怕孤獨，擔心因為參加社團而脫離了宿舍這個小組織；擔心因為談戀愛，而失去朝夕相伴的朋友。多少次，我在掙扎中想要放棄，我也想睡懶覺，也想參加宿舍的集體活動，可是轉念一想：我不一樣啊，這是我一直以來的愛好，我的**夢想必須由自己來實現，別人沒有義務陪著我**。

那時，我上鋪的室友總挑撥我和一個朋友的關係。說實話，我很怕失去這個朋友，入學的第一天，我們相識，一起上軍訓，分到一間宿舍，每天形影不離。朋友跟我說，我上鋪室友的人品不好，做過像是偷改別人答題卡，故意讓別人掛科的事。我不想多接觸這種人，也害怕她玩小伎倆拆散我和朋友，畢竟我忙於學業，總會疏於對朋友的關心。於是，我索性連中秋節都帶著朋友一起回家，帶著她參加廣播站的活動，盡可能多的陪伴她。然而，我最擔心的事情還是發生了。就在一個寒假之後，她選擇了背叛我，跟我上鋪的室友好得不得了，徹底疏遠了我。不管我怎麼追問，她始終不回覆我。

那段時間我很難過，即便如此小心，該來的還是沒躲開。我反思，自己究竟想要什麼樣的友情？是從早上一睜開眼到一天結束，無時無刻都要待在一起嗎？

宿舍成員間的關係四分五裂，一開始我真的很不習慣。洗澡前要約其他朋友一起去，吃飯時要跟別的同學一起去，上課時要和比較熟悉的人坐在一起，我很害怕落單。

我見過三個女生形影不離。我去過她們的宿舍，床單是一個顏色的，背包是一個款式的，就連電腦也是同一個牌子、同一個型號。表面上這三個人的關係好得跟三胞胎似的，背地裡卻相互排擠，都跟我說過對方的壞話，最後這三個人的關係也破裂了，而破裂的原因並不是誰不合群。

我的心態，她們的心態，跟小Q女朋友的心態一樣，害怕因為彼此之間心態的不一致而顯得另類，害怕脫離集體生活，害怕成為不合群的那個人。於是，為了迎合別人，犧牲自己的時間，違背心意做很多不情願做的事情，甚至勉強認同，不敢搖頭說「不」，如履薄冰的前行。可你甘心變成大多數人的樣子嗎？你不要自己的個性、夢想了嗎？

將來就職後，難道你每天上班都要約朋友一起擠地鐵、坐公車？就算是閨密，她們也會有自己的伴侶、家庭、事業、圈子，到最後，我們還是要學會獨處，要做回自己。

後來，我刻意一個人吃飯、上課、去圖書館、逛街、洗澡……然後發現，其實獨處並沒有想像中那麼難，而在這個過程中，我又認識了很多有趣的朋友。

對朋友的要求像對伴侶一樣苛刻，對伴侶的要求像對自己一樣苛刻，都是不健康的。

現在的我過得很輕鬆，能很好的權衡人際關係。比如我跟同事之間，有五個人經常一起吃飯、唱歌、旅行。每次吃完飯，她們都先送我回來，然後四個人再去打牌，因為她們知道我不會打牌，也不喜歡。但這並不影響我們一起吃飯、一起玩鬧，這就是我理解的**成年人之間的相處方式，不刻意、不苛求**。

跟不同的人找到相似的部分，在交集裡快快樂樂的在一起，不需要小心翼翼的維持，更不必勉強自己。成熟瀟灑的人，既可以融入熱鬧的人群不違和，也可以享受獨處空間不恐懼，更可以內心飽滿不空虛。

5

愛，是一種卑微的享受

有人說，女孩子若遇見心愛的人，會變得沒自信。怕自己長得不漂亮、身材不夠好、不夠溫柔、不夠聰明。其實她沒有那麼差，只是害怕自己不完美，無法吸引他；只是怕他不夠愛自己；怕在他朋友的眼裡，自己配不上他；只是害怕失去他。

其實她很優秀，在別人眼裡，她高傲、有自信，唯獨在心愛的人面前，她是自卑的。這種自卑起因於愛，所以小心翼翼。太過珍惜就會把對方視為救命的稻草，無法鬆手。

兩個人在一起後，女孩會問男孩：「你愛我哪裡？」這個答案聽多少遍都不會覺得膩，即便男孩覺得這個問題傻透了。女孩在問這個問題的時候，眼睛裡會閃著光，那種渴望是最美的，因為男孩的每一次回答都讓她的內心更有安全感，更確定這份感情是認真的：他真的愛妳，妳在他的心裡真的足夠好，甚至無可替代。

相處的過程中，女孩怕自己變胖，於是總問對方：「我胖嗎？真的不胖？」所謂女為悅己者容，不如說是女為己悅者「榮」。大部分女孩都曾期待席慕蓉在《一棵開花的樹》中所寫：「如何讓你遇見我？在我最美麗的時刻。」

而男生，怕她覺得自己幼稚，不夠成熟，讓她認為自己比別的男生差；怕自己在物質上無法滿足她；害怕她覺得自己對她不夠好。

在遇見某個人前，你覺得自己學歷高、工作能力強，買得起房子和車子，長相也不比別人差，在朋友圈裡算是高人一等，從來不會為沒人喜歡自己而發愁。可是，有一天你遇到某個人，突然就忘記自己有哪些優點，總擔心自己不夠好，擔心自己會說錯話、做錯事。

你不知道一件事該怎麼做會更好，比如你在家等對方下班，會想到晚上九點多的公車裡應該很清冷，加上深秋蕭瑟，走在霓虹燈下的夜路，可能會寂寞吧？你不願對方在這條路上獨自行走，你想陪對方說說話，想讓對方知道你一直在，想用行動告訴對方，她並不孤獨。

愛就是這樣，想把自己的全部都給一個人，又害怕這不是對方想要的。

有人說，愛情中的男女智商都會變低，會不自覺變笨。看著對方發來很平常的一句話，都能樂得合不攏嘴，這是痴；看到對方對你付出的一點好，都幸福得像花一樣，這是暖。

其實，人的一生能遇到一個你愛的人也是愛你的人，真的不容易。所以，我們才越發小心翼翼，生怕走錯了一步，造成一輩子的遺憾。

喜歡是一個很簡單的過程。可能最初妳喜歡一個人，或者決定和他在一起，只是因為他符合妳的一些喜好，比如長得帥、溫柔、才華。就好像出現了一扇門，妳願意走進去，再慢慢的確定這份感情，然後才明白妳愛他的帥，但是有一天如果他意外毀容了，妳依然愛他不減，依然想和他在一起，這是愛。對男生來說，你們在一起後，你發現她並沒有你想像中那麼溫柔，也會偶爾發脾氣，但你還是願意包容她，不想和她分開，這也是愛。

歌曲〈離不開你〉裡有一句歌詞：可今天我已離不開你，不管你愛不愛我。

愛是一種卑微的享受，裡面包含著酸甜苦辣。痛徹心扉的愛過，總好過麻木不仁的機械生活。愛到了最後就是一種感覺、習慣，也是一種想永遠走下去的勇氣。

愛情最好的模樣

我認識一個女孩，二十八歲還沒談過戀愛。她在臥室看電視劇時經常自言自語，時不時哈哈傻笑。這種笑並不代表她生性樂觀，她甚至變得有點孤僻，生活就是三點一線（按：生活單一。主要是指學生、上班族，因這類人平時活動地點只有教室或辦公室、餐廳、房間），週末一個人在家，哪裡都不去。

她告訴我，高中時，班上有一個男生很喜歡她，她對他也有好感，經常在一起上晚自習。同學們經常拿他倆開玩笑，但是因為家教嚴，兩個人誰都沒有開口。

高考之後，兩人去了不同的城市，但始終保持著聯繫，男生經常給她打電話。

然而，女孩的家人還是不允許她談戀愛，對她說，大學就該心無旁騖的學習專業，等畢業找到好工作後，有很多機會能談戀愛。於是，她和那個男生斷了聯繫。

事實上，人生是難以預料的，那些本以為會發生的故事，根本只是假設。

大學畢業後，她又來到一座陌生的城市，到銀行上班。沒有家人的照顧，一切都得靠自己。銀行裡的男女比例跟文科班一樣，男生太少。眼看快要三十歲，家人著急了，催她趕緊找對象。不是她不想找，只是有心無力：自己找，接觸男生的機會太少；去相親，連個介紹人都沒有。

結果就這樣單身到現在，她抱怨父母，當初要是不阻攔，也許她跟那個男生早就在一起了，何必現在發愁。

女孩有一個哥哥，大學時交了女朋友，他爸爸嫌對方個子太矮，配不上自己的兒子，便棒打鴛鴦。

兩個人分了之後，男生一直單身，這些年都沒找到合適的。如今他爸爸開始著急了，跟兒子訴苦說：「隔壁鄰居都抱上孫子了，你就別挑了，找個什麼樣的都行，就算個子矮一點兒也沒關係。」

父母是過來人，吃的鹽比你吃的米還多，很多說法都是為了你好。沒錯，出發點是好，但是有些話不能亂信。

時代變了，人的需求也變了，現在的年輕人對精神及物質上的需求，已經遠遠超過了上一輩的人。老一輩認為找對象只要條件相當，跟誰不是過一輩子？他們大多不明白什麼叫有話可說，什麼叫想法在一個頻率上，什麼是三觀吻合。

他們擔心我們上學期間談戀愛會影響學習，可是我見過很多勵志的例子，兩個人為了能在一起，努力學習，怕拖對方後腿，最終都考出了好成績。

我很負責任的告訴你，會說影響學習的，是因為你沒找對戀人，你找個沒事就喜歡抽菸、喝酒、燙頭髮、打遊戲的人，跟找一個品學兼優的人一樣嗎？

我認識一個學藝術的男生，這個男生很機靈，只是當年不用功學習。他開始工作後，喜歡一個女孩。女孩愛唱歌，他為了追這個女孩，開始學做各種後期剪輯、看影片教程、聽效果音，最後學會了把伴奏消音。這個女孩是名校出身，他悔恨的說：「如果學生時代能遇到她就好了，我就不會上課睡覺，反而會有動力學習更多的知識，只為了跟她在一起。」

愛情是一把雙刃劍，愛對人，能讓你變得更好；愛錯人，八成讓你變得更差。

愛情來的時候你沒好好把握，等你錯過了一定會後悔莫及。不要把什麼都寄託給未來，等有時間、有錢，等忙完了，可能已經物是人非了。

有人說，學生時代談戀愛都是鬧著玩的，有幾個能繼續走下去？可是我身邊就有好例子，萬一你們就是其中一對呢？

我朋友姚姚跟她的男朋友大學時就在一起，畢業後雙雙去北京，在一起七、八年了，很快就要結婚了。我們都很羨慕她，從一開始就找對了人，不用繞那麼多彎路滿世界尋找。

我不是鼓勵大家早戀，我更不知道這個「早」的界限在哪裡。剛成年的年輕人就一定不懂愛情嗎？三、四十歲的人就一定什麼都明白嗎？

人與人是不同的，如果你從來沒有認真的喜歡過一個人，又怎麼知道愛情是什麼樣子？

我想說的是，**愛情不分早晚，它來了，就不要錯過它，不要壓抑自己，否則，最後只能空留遺憾**。

談戀愛跟找對象不同，當你有機會遇見心儀的人，對方剛好也喜歡你，兩個人心心相印，那叫談戀愛；如果只是想擺脫單身，或為了結婚而和一個人湊合在一起，那叫找對象。

我希望我們都能談一場戀愛，而不僅僅是找一個結婚對象而已。

愛情最好的模樣應是順其自然，而不是有備而來。

7／最好的我，才配得上最好的你

單位裡有個四十多歲的男人，事業正如日中天時，突然跟老婆離婚了，原因是老婆沉迷麻將，整天不管孩子也不做家務，還是個河東獅。據說離婚當天，女人竟因為打麻將，去民政局遲到了。

以前，男人一喝多了，就先去燒烤店醒醒酒再回家。離婚後的某天晚上，男人因為應酬喝多，吐了，一個人在社區樓下徘徊，凍得直哆嗦也不敢上樓，說是怕老婆生氣。

他忘了自己已經離婚了，酒後依然記得老婆、記得這個家、記得回家的路。後來，住在同一個社區的同事看到他，把他送回宿舍。

我想表達的是，別看有的男人很大條，其實都是為了家、老婆和孩子而奮鬥。一個同學跟我說，大學畢業後他一直在忙事業，感情上一塌糊塗，現在除了賺錢養家，好像什麼都不會了。在這樣的男人眼裡，錢也許只是一個數字，只有哪個女人幫他把這個數字落實到穿衣吃飯和打點生活上，才有價值。

家是男人心裡最柔軟、累了以後可以棲息的地方，更是前進的動力。

也許有人說，男人一旦優秀就可能變壞。你理解錯了，男人可能一生都桃花運不斷，但人的精力有限，愛是本能，能讓他用生命去愛和無限付出的人，可能只有一個。

我對女人的要求一直很苛刻，所以有時候真的替男人捏一把汗。我曾見過一些女生，在異性面前表現得乖巧、懂事、溫柔、善解人意，但在同性面前又是另外一副嘴臉，小氣、虛榮。她會幫男朋友洗衣服，卻從來不打掃宿舍衛生，浴室髒了不會主動打掃，只會謾罵。在宿舍裡蠻不講理，在男友面前卻裝委屈，說大家都在欺負她。

有一個學期，我們宿舍只有三個人。其中一個女生很彪悍，班上所有同學都納悶為什麼她男朋友會喜歡她。備考時，我和另外一個室友從其他同學要來複習資料，並複印兩份。我把資料掛在床頭，室友在那個女生的上鋪，把資料放在自己床上，我們就出去逛街了。

回來時，那個女生對我倆愛答不理的。開始我們覺得很奇怪，以為她是和男朋友吵架了。後來她終於忍不住打電話給男朋友，氣急敗壞的指桑罵槐，說什麼有些人真的太無恥，偷看別人的複習資料，沒經過允許就拿出去複印之類的話。說完摔門出去了，我和室友看了眼她留在桌子上的複習題，和我們的一樣，瞬間明白了，原來她口中所謂無恥的人，指的是我們兩個。明明是她偷看我們的資料，真是令人哭笑不得。

這個女生能代表一類女生，雞毛蒜皮也能當一盤菜。可是很多男生看不到這類女生的這一面。有人說愛可以有遮掩，或者說愛可以偽裝。如果男生可以來女生宿舍臥底，或者戀愛時間再長一點，也許真相就一目了然了。

在微博上，有些女生看到我的一大段文字後，她們會評論：這段話的重點在哪裡？後面的人看見前面的人這麼問，一下子對自己的智商有了信心，也來問我究竟要表達什麼意思？

有些人吃慣現成的，什麼話非讓你幫他總結出個一二三來，才拿起小本子記下來，別人說什麼都當真理，從來不會動腦判斷是非得失，不會站出來表達自己的觀點，只會人云亦云。

我在現實中也見過這樣的女生，可以說，她對所有事都沒有自己的主見和思想。尤其是在愛情中，什麼事都指著男人去做，從不要求自己，只會異想天開的在微信朋友圈分享〈男人要這樣愛你的女人〉、〈要找一個這樣疼自己的男人〉這類的文章。也不自我審視一下，真遇到了這麼好的男人，妳配得上他嗎？妳對他的事業毫無幫助，生活又一塌糊塗。凡有什麼事需要商量，妳拿不出一點建議，又有什麼資格要求別人一定要做到最好呢？當然，也不能全盤否定這樣的女生，起碼不鬧事，比另外一些人強很多。

小的時候，有一個鄰居，男人在外打工，女人閒在家裡，偶爾來我家找我媽聊天。有一次她剛進我家，正好看到我媽放錢。沒過幾天，我家就丟了兩千元。我媽報警，覺得鄰居家的女人嫌疑很大，經過調查，的確是她偷的。後來，這家人就搬走了。再後來，聽說她的男人死了，是因為她和親戚發生口角，逼著自己男人跟人打架，幫她出氣，結果發生了意外。

對男人來說，娶妻娶德，你的老婆直接決定你的餘生是否幸福，她是一個家的靈魂。而對女人來說，要求別人的同時，自己也要爭氣，別忘了「最好的我，才能配得上最好的你」。

8

我想要的是婚姻，你給的只有愛情

當臉上的青春痘消失時，如果妳還不能從童話世界裡走出來，整天想著怎麼找刺激，還以為會有白馬王子突然出現，或惦念有朝一日在旅途中來場豔遇，那麼，妳的愛情之路只會越走越迷茫。

不知道你會不會有這樣一種感覺：越是著急找對象的人，往往越找不到。因為愛情不是急於求成的事，那麼多人每天與你擦肩而過，長著不同的臉，有著不同的體重，擁有自己的做事方式，你們二十多年來生活在各自的軌道上，能讓你一眼心動，還能越過種種困難修成正果，你說容易嗎？

你不得不面對殘酷的現實，大多數婚姻是從培養感情開始的。如果一開始你就沒把握，不能把愛情培養成婚姻，很可能今後只能把婚姻轉化成親情。當然，很多人仍舊執著，不肯接受。他們年輕時，沒能認真和身邊那個人相處，也沒有好好珍惜，再後來就很難奮不顧身的愛一個人了。

一部電視劇裡的橋段，男人很晚回家，女人大吵大鬧，問他愛不愛她、是不是只為了她年輕貌美才娶她，男人一氣之下摔門走了。這時，女人的婆婆對她說：「妳不快樂是因為妳想要的太多了。我很清楚我要的是什麼，所以只要我老公沒做出格的事，我就不會太限制他。」

是啊，女人想要幸福，就必須清楚自己想要的是什麼。如果確定是愛情，就努力的把你們的愛情修成正果，年齡、家庭背景、空間距離、世俗看法都可以跨越。

如果你覺得電視劇裡的橋段多少帶著虛構成分，離現實生活太遠了，那我說說我的同學。

他陽光、帥氣、聰明，高中和一個普通的女生談戀愛。高考後，男生考上重點大學，女生考去男生那所大學的專科，只為了能和他繼續在一起。大學畢業後，男生到外地一家高薪公司就業，女生卻在家找不到工作，兩人就這樣保持著異地戀，一晃就是三年多。漸漸的，男方家裡開始反對他們在一起，因為女生條件處處不如男生。但男生對媽媽說：「我和她在一起這麼多年了，現在能說不要她嗎？」後來，兩個人終於結了婚，女生跟著男生一起去了外地。

先有了歸宿，未來就不會孤獨，有人和你一起分擔，苦難也會減半。能讓你心動的人有很多，但是彼此願意走進婚姻殿堂的人並不多，那一紙證書，比得上一輩子的誓言。

男人只要擁有了好的婚姻，就可以毫無後顧之憂的拚事業；女人只要嫁對了人，就可以全心全意的投身家庭中。他們努力讓這個家變得更溫馨，讓家人過得更好，無論何時何地，都不會感到迷茫。

迷茫是因為沒有目標，有了目標和動力，人才會走向成功。如果先成功再尋找真愛，那真愛的定義可能就該加上很多標籤了。願意和你在一起的人不難找，願意和你面對風風雨雨的人才難找。

理想的愛情能為生活錦上添花，婚姻需要妥協，愛則是隨心而定。婚姻可能是相愛卻要分開，或不愛了還要在一起，愛是明知道對方有無數缺點，但還是忍不住喜歡。

誰與誰都不可能天生就合適，愛和婚姻都需要溝通，那些以性格不合為由分手的人大多在自欺欺人。談戀愛可以說分手就分手，明知道失去了會痛，也寧願長痛不如短痛，但歷經千辛萬苦走到一起的人不會輕易離婚，因為人一旦有了歸宿，就不想走了。

國家圖書館出版品預行編目（CIP）資料

每個孤獨的靈魂都值得被看見：異類總是瞬間相吸，但同類會循聲而來。／阿紫著 . -- 初版 . -- 臺北市：大是文化有限公司，2021.11
304 面；14.8×21 公分 . --（Think；224）
ISBN 978-626-7041-10-9（平裝）

1. 人生哲學　2. 人際關係

191.9　110015072

Think 224

每個孤獨的靈魂都值得被看見

異類總是瞬間相吸，但同類會循聲而來。

作　　者／阿紫
責任編輯／陳竑悳
校對編輯／林盈廷
美術編輯／林彥君
副總編輯／顏惠君
總 編 輯／吳依瑋
發 行 人／徐仲秋
會　　計／許鳳雪
版權經理／郝麗珍
行銷企劃／徐千晴
業務助理／李秀蕙
業務專員／馬絮盈、留婉茹
業務經理／林裕安
總 經 理／陳絜吾

出 版 者／大是文化有限公司
臺北市衡陽路 7 號 8 樓
編輯部電話：（02）23757911
購書相關資訊請洽：（02）23757911 分機 122
24 小時讀者服務傳真：（02）23756999
讀者服務 E-mail: haom@ms28.hinet.net
郵政劃撥帳號／19983366 戶名／大是文化有限公司

香港發行／豐達出版發行有限公司
Rich Publishing & Distribution Ltd
香港柴灣永泰道 70 號柴灣工業城第 2 期 1805 室
Unit 1805, Ph.2, Chai Wan Ind City, 70 Wing Tai Rd, Chai Wan, Hong Kong
Tel：21726513　Fax：21724355
E-mail：cary@subseasy.com.hk
法律顧問／永然聯合法律事務所

封面設計／孫永芳
內頁排版／邱介惠
印　　刷／鴻霖印刷傳媒股份有限公司
出版日期／2021年11月初版
定　　價／新臺幣 360 元
ISBN　978-626-7041-10-9
電子書 ISBN／9786267041154（PDF）
9786267041208（EPUB）

原著：每个孤独的灵魂都值得被看见／阿紫 著